Personalidades Socialistas

Del arte, la ciencia y la cultura

David Villar Poza

ISBN-13978-1544811161
ISBN-10: 1544811160

Diseño de portada: Mónica Fragueiro Carrera

DAVID VILLAR POZA

NOTA DEL AUTOR

En este texto cito tan solo a personas ya fallecidas antes de proceder a su escritura, por lo que sin duda alguna quedarán fuera de esta lista grandes personalidades socialistas todavía con vida en el momento de ser publicado, como pueden ser Silvio Rodríguez, Pablo Milanés y un largo y maravilloso etc. Todos ellos son grandes pensadores y creadores en sus respectivos campos, bien sean científicos, escritores, actores etc.

He escrito este texto porque creo que es interesante para todo socialista comprobar en la práctica que grado de penetración ha tenido siempre esta corriente del pensamiento universal entre muchas personas con una formación intelectual y cultural muy profunda.

También he preferido no seguir ningún orden para escribirla, ni alfabéticamente, ni por fechas de nacimiento ni por ningún otro tipo de criterio, porque siempre me ha gustado la teoría del caos y quería reflejarlo de algún modo en este texto. Simplemente.

No obstante, además de un índice general en el que aparecen los protagonistas de libro en el mismo orden en el que ha sido escrito, también es posible visualizar al final un índice por categorías en el que aparecen clasificados por su principal actividad profesional.

DAVID VILLAR POZA

ALBERT EINSTEIN

Ulm 1879 - Princeton 1955

Considerado uno de los mayores genios de la humanidad, junto a Isaac Newton y Leonardo Da Vinci, paradójicamente durante su infancia tuvo problemas para comunicarse, de hecho comenzó a hablar a la edad de cinco años. Tampoco logró entrar en el instituto politécnico al suspender el examen de acceso y tuvo que esperar hasta los 16 años para poder ingresar.

Su paso por el instituto politécnico tampoco fue un acontecimiento gratificante ya que su carácter chocaba abiertamente con las rígidas normas de la época. Un profesor llegó a decirle "tú sola presencia mina el respeto que me debe la clase" y otro "nunca llegarás a nada". Evidentemente estaban equivocados.

Durante su juventud entra en contacto con el socialismo de la mano del revolucionario austriaco Friedrich Adler, quien le introduciría en el pensamiento de filósofos como Karl Marx, Freidrich Engles o Inmanuel Kant.

En 1905 publicó en *Annalen der Physik* sus primeros trabajos sobre la teoría de los quanta, de la relatividad y los movimientos brownianos.

Posteriormente, en 1915 publica la "teoría de la relatividad general", en la cual plantea que la gravedad no es una fuerza. En el cuarto de sus artículos publicado en ese año plantea la famosa fórmula que dice: "la energía E de un cuerpo en reposo es igual a su masa m multiplicada por la velocidad de la luz al cuadrado" ($E=mc$)

En 1921 se le concedió el premio Nobel de Física por sus trabajos sobre "el movimiento browniano y su interpretación del efecto fotoeléctrico».

En 1932 Poco antes de la llegada de Adolf Hitler al poder, el científico abandona Alemania con destino a Estados Unidos, donde imparte clases en el "Instituto de Estudios Avanzados de Princeton".

En 1940 le envía una carta a Ro en la cual le insta a poner en marcha un programa nuclear americano ante el temor de que los nazis estuvieran poniendo en marcha el suyo. Es por este motivo que a Einstein se le conoce como uno de los padres de la bomba atómica aún a pesar del desprecio que sentía por cualquier tipo de violencia. En su defensa alegó en un discurso pronunciado en New ¨York en 1945:

> "En la actualidad, los físicos que
> participaron en la construcción
> del arma más tremenda y
> peligrosa de todos los tiempos, se
> ven abrumados por un similar
> sentimiento de responsabilidad,
> por no hablar de culpa.

Nosotros ayudamos a construir la nueva arma para impedir que los enemigos de la humanidad lo hicieran antes, puesto que dada la mentalidad de los nazis habrían consumado la destrucción y la esclavitud del resto del mundo. Hay que desear que el espíritu que impulsó a Alfred Nobel cuando creó su gran institución, el espíritu de solidaridad y confianza, de generosidad y fraternidad entre los hombres, prevalezca en la mente de quienes dependen las decisiones que determinarán nuestro destino. De otra manera la civilización quedaría condenada."

Sus actividades políticas a favor de la paz y abiertamente socialistas le reportaron problemas con el FBI, siendo famoso el tamaño de su ficha, de hecho tan solo su fama le salvó de desfilar, como muchos otros padres de la bomba atómica, delante del tribunal de actividades antiamericanas del senado de los Estados Unidos.

Se nacionalizó estadounidense en 1940. Durante sus últimos años trabajó por integrar en una misma teoría la fuerza gravitatoria y la electromagnética. En 1949, pocos años antes de morir escribió un breve ensayo político titulado "¿Por qué socialismo?" que fue publicado en la revista socialista Monthly Review en el que Einstein muestra, entre otras cosas, su preocupación por "una oligarquía de capital privado cuyo enorme poder no puede ser controlado de manera eficaz siquiera por una sociedad organizada de forma democrática"

DAVID VILLAR POZA

CHARLES CHAPLIN

Londres 1889 - Suiza 1977

Genio polifacético como pocos, fue actor, director, productor, guionista editor y compositor inglés. Conocido por su personaje "Charlot" está considerado como el actor cómico más importante de la historia del cine y uno de los actores más geniales.

Nació en el seno de una familia de artistas. Su padre los abandonó apenas recién nacido y su madre acabó recluida en un hospital de salud mental debida a la depresión profunda que padeció cuando perdió la voz y tuvo que dejar el mundo del espectáculo. Comenzó entonces una etapa de carencias y pobreza que acabaron con Charles y su hermano deambulando por diferentes orfanatos, lugares en los que conoció la miseria y la pobreza que tan magistralmente reflejó en su obra artística.

Chaplin se trasladó a vivir a Estados Unidos de la mano de una compañía de teatro y a los pocos años de llegar, exactamente en 1914, debutó en la incipiente industria del cine que estaba desarrollándose en Hollywood. Aunque inicialmente interpretó pequeños papeles pronto destacó su talento y fue elegido para interpretar un papel principal en una película, momento en el cual nació su magistral personaje de "Charlot", un pobre vagabundo mal vestido al que le perseguían frenéticamente una desgracia tras otra, personaje sin duda que le llevaría a formar parte de la historia, incluso más allá del mundo cinematográfico.

Al año siguiente, en 1915, rueda la película "El vagabundo", que sería la que le llevaría definitivamente a la fama. A esta película le siguió una seria de ocho más por las que cobró un millón de dólares de la época, que le llevarían a ser el actor mejor pagado de Hollywood de su momento.

En 1919, junto a otros actores funda la "United Artists Corporation", compañía para la que realizaría su obra hasta 1950, año en el que tuvo que exilarse de Estados Unidos por su ideología comunista, momento que coincidió con una de sus obras maestras: "Monsieur Verdoux", película basada en una idea de Orson Wells de contenido claramente político (como algunos otras obras de esta década) y en la cual criticaba duramente el sistema capitalista y la pena de muerte en Estados Unidos. A esta película hay que sumarle otros actos destacados de clara orientación política como su participación en un encuentro de amistada con la URSS en "Los Ángeles" o en una exposición de arte soviético en Nueva York.

Aunque en toda su filmografía había siempre un lugar para la crítica social y política, bien fuera ésta directa o indirecta, sus obras más comprometidas, además de la ya citada "Monsieur Vedoux", fueron sin lugar a dudas "tiempos modernos", una crítica feroz del sistema capitalista y su sistema de producción esclavizador del ser humano y "el gran dictador", película antifascista en la cual un peluquero, al que confunden con un dictador (que en realidad Chaplin identificaba con Adolf Hitler), pronuncia; "Lo lamento, pero yo no quiero ser un emperador, ése no es mi negocio, no quiero gobernar o conquistar a alguien. Me gustaría ayudar a todos si fuera posible: a los judíos y a los gentiles, a los negros y a los blancos. Todos deberíamos querer ayudarnos, así son los seres humanos. Queremos vivir con la felicidad del otro, no con su angustia. No queremos odiarnos y despreciarnos. En este mundo hay sitio para todos, y la tierra es rica y puede proveer a todos. El camino de la vida podría ser libre y hermoso".

Sus actividades políticas le conducen finalmente al exilio escapando de una atmósfera asfixiante para los artistas próximos a ideas socialistas. Se instala finalmente en Suiza en donde continúa con su carrera artística hasta que en 1976 rueda el que sería su último film (Una mujer de París), tan solo un año antes de su fallecimiento, que tendría lugar el 25 de Diciembre de 1977.

Dos años antes, en 1975, había recibido el título de "Sir" británico por la reina Isabel II. Título que le había sido negado en 1931 y 1956 por sus actividades políticas.

DAVID VILLAR POZA

PABLO PICASSO

Málaga 1881 - Mougins 1973

Pintor y escultor español creador, junto con Georges Braque y Juan Gris, del movimiento cubista, que revolucionó el mundo de la pintura en el siglo XX. Además del dibujo y la pintura también se dedicó a otros géneros artísticos, como la cerámica, el grabado o la escenografía y el vestuario para obras teatrales.

Nacido en una familia burguesa en la ciudad de Málaga se trasladó de niño a la ciudad de A Coruña en Galiza. Fue en esta ciudad donde pronto comenzó a demostrar sus extraordinarias dotes artísticas. Estudiante brillante aprobó la entrada en la escuela de bellas artes de Barcelona con tan solo catorce años después de un examen de ingreso que superó en tan solo un día.

Con veinte años se traslada a vivir a Paris, ciudad en la que conoce a gente como André Bretón (otro artista comunista cuya biografía puede leerse también en este texto), además de otras figuras de primer orden como el poeta Gillaume Apollinaire y Max Jacob entre otros muchos. Sin trabajo y con apenas ingresos se decida a pintar cuadros por la noche para vender por el día en la calle Laffite para poder vivir. A pesar de las privaciones materiales su etapa en Paris fue de las más ricas de su vida en lo referente a su faceta artística.

A finales de los años veinte Picasso conoce al artista catalán Julio González, de la mano del cual se introducirá en el mundo de la escultura al tiempo que experimentaban con nuevos materiales revolucionarios para la época como el hierro forjado.

Con el estallido de la guerra civil española se produce en él una fuerte concienciación política que le lleva a afiliarse al Partido Comunista Español, para más tarde, en plena invasión nazi de Francia militar al mismo tiempo en el Partido Comunista Francés, militancia que mantendría hasta su muerte, así como su activismo político a través de su arte.

Finalizar reseñando que entre sus cuadros más famosos destaca sin duda alguna "Guernica", que simboliza el horror de la guerra civil española a través de uno de sus sucesos más trágicos, el bombardeo de la ciudad de Guernica, que mató a cientos de persona y destruyó hasta los cimientos la ciudad. Fue el primer bombardeo masivo contra civiles de la historia.

ALBERT CAMUS

Mondovi 1913 - Villeblevin 1960

Escritor, periodista, dramaturgo y filósofo francés.
Premio Nobel de literatura en 1957.

Nació en una familia de colonos desplazados en
Argelia, su madre era de origen español y su padre de
origen francés. En Argel realiza sus primeros estudios
Camus, teniendo como profesor a Louis Germain, de
quien guardará tan grato recuerdo durante toda su vida
que le dedicará el discurso del Premio Nobel. De su mano
se inició Camus en la lectura de los filósofos y sobre todo
de Nietzsche.

Con tan solo 19 años comienza a escribir y a
participar activamente en política, dentro del Partido
Comunista Francés, partido que abandonaría por serias
discrepancias con su dirección, en concreto por apoyar el
pacto germano-soviético o no conceder la autonomía del
PC de Argelia.

Comienza a trabajar en "El diario del Frente
Popular" y sus artículos son recibidos siempre con
polémica por parte de las autoridades. En 1940 el
periódico es prohibido y los poderes actúan para evitar

que Camus encuentre trabajo y se vea obligado al exilio
económico forzoso.

Al comenzar la segunda guerra mundial se
presenta voluntario en el ejército francés pero es
rechazado por el delicado estado de salud que padecía en
esa época. Durante la ocupación de Francia por la
Alemania nazi Camus formó parte activa de la resistencia
francesa.

Durante su exilio económico en Argelia trabaja
como redactor en la revista Alger Républicain, para la cual
escribe artículos que analizados desde una perspectiva
histórica se puede comprobar que fueron proféticos al
señalar las injusticias sociales y políticas que
desencadenarían la guerra de independencia de Argelia.

Es en esta época cuando comienzan sus
discrepancias con la cúpula del Partido Comunista
Francés, al oponerse ésta al derecho de autodeterminación
del pueblo argelino.

Su evolución filosófica y política le llevo a acabar
abrazando el anarquismo y escribiendo para sus
publicaciones. Fue miembro de la "Federación
Anarquista". Sus dos obras más conocidas son "El
extranjero" y "La peste".

JEAN-PAUL SARTRE

París 1905 - París 1980

Escritor, dramaturgo y filósofo francés, premio Nobel de literatura es considerado como uno de los padres del existencialismo y el marxismo humanista.

Nacido en el seno de una familia burguesa, su padre murió cuando tenía solo un año siendo criado por su madre y su abuelo, el cual le introduciría en el mundo de la literatura y la filosofía clásica. En 1924 inicia sus estudios superiores en la "École Normale Supérieure", momento en el que conoce a Simone de Beauvoir que se convertiría en su amiga inseparable durante el resto de su vida, además de su pareja sentimental.

Finaliza sus estudios universitarios e inicia una etapa de desarrollo filosófico existencialista momento en el que publica la que sería su obra más conocida; "El ser y la nada", publicada en 1943. En este texto Sartre expone su visión personal de la filosofía existencialista de Heidegger.

Al comenzar la segunda guerra mundial, al igual que otros intelectuales socialistas de la época, se alista en el ejército y durante la ocupación de la Alemania nazi ingresa en la resistencia con una militancia activa.

A esta obra le siguieron otros títulos fundamentales de su obra como "El existencialismo es un humanismo" así como columnas y artículos de opinión en la revista "Les Temps Modernes" fundada por él mismo en 1945, publicaciones que le llevan a convertirse en un referente de la izquierda socialista de la época.

Al comienzo de la década de los 60 del siglo XX se acerca a posiciones marxistas aunque critica el socialismo de estado al considerarlo contrario a la libertad del individuo. Su principal obra de esta etapa es "Crítica de la razón dialéctica".

En 1967, al estallar la guerra de los seis días se niega a posicionarse a favor de los árabes y junto a Pablo Picasso y otros doscientos intelectuales franceses realiza un llamamiento a los socialistas antiimperialistas de ambas partes para que se sienten a negociar una paz justa. A nivel ideológico Sartre era un admirador los kibutz, comunidades agroindustriales socialistas israelíes.

En 1964 rechazó el premio Nobel de literatura argumentando que "los lazos entre el hombre y la cultura debían de desarrollarse directamente, sin pasar por las instituciones". En 1968 apoya activamente el movimiento de estudiantes e intelectuales que provocaría el conato revolucionario conocido como "Mayo del 68" en Paris, del cual es considerado uno de sus principales padres espirituales.

JOSE SARAMAGO

Azinhaga 1922 - Lanzarote 2010

Escritor, poeta y dramaturgo portugués. Premio Nobel de literatura en 1998.

Nacido en el seno de una familia de campesinos muy humildes, hecho que influiría en su carácter como escritor y pensador. Se muda la familia a vivir a Lisboa y con 12 años inicia sus estudios técnicos y en las asignaturas de humanidades descubre a los pensadores y escritores clásicos, de los cuales quedaría prendado para el resto de su vida y que tanto influirían en su forma de escribir.

A principios de los años cuarenta del siglo XX comienza a trabajar de administrativo en las oficinas de la Seguridad Social portuguesa y, tras casarse en 1944, publica su primera novela: "Tierra de pecado" y escribe la segunda: "Claraboya", que se publicaría póstumamente en 2012. Pasa entonces más de 20 años sin escribir, como él mismo diría cuando le preguntaron la causa de tan prolongado parón creativo: "Sencillamente no tenía algo que decir y cuando no se tiene algo que decir lo mejor es callar".

Durante este tiempo de "silencio literario" se dedicó principalmente al periodismo y a la traducción hasta que en 1966 publica "Poemas imposibles" y en 1970 "Probablemente alegría", una colección de poesías sobre muchos temas con los cuales se dice que renovó el lenguaje poético tradicional portugués.

Se afilia al partido comunista y participa en la revolución de los claveles apoyando a los oficiales revolucionarios socialistas que trajeron la democracia a Portugal.

Comunista convencido, su novela "el evangelio según Jesucristo", lo lanzó a la fama después de una polémica con el gobierno portugués, que se negó a que se pudiera presentar al "premio literario europeo" alegando que ofendía a los católicos. Como protesta Saramago abandonó el país y se instaló en España.

Saramago siguió escribiendo hasta su muerte en 2010. Entre los muchos libros que siguieron a "El evangelio según Jesucristo" destacan por el éxito que alcanzaron "La caverna", "Ensayo sobre la ceguera" y "Ensayo sobre la lucidez".

Sus cenizas descansan al pie de un olivo centenario originario de su pueblo y trasplantado en los jardines de la fundación que lleva su nombre en Lisboa.

BERTRAND RUSSELL

Gales 1872 - Gales 1970

Escritor, filósofo y matemático galés. Premio Nobel de literatura en 1950 es considerado como uno de los padres de la filosofía analítica.

Hijo de una familia de la aristocracia británica quedó huérfano a la temprana de edad de 6 años pasando a ser educado por su abuela, quién a pesar de tener ideas liberales en lo político, era profundamente conservadora en lo social y moral. Este ambiente represivo le produjo conflictos constantes durante su adolescencia, la cual pasó en gran parte en los Estados Unidos, país al que envió su familia con la idea de que estudiara el funcionamiento de su sociedad e instituciones.

Regresa a Gran Bretaña y en 1890 comienza a estudiar matemáticas en el Trinity College de Cambridge, impresionando tanto a su profesor Alfred North Whitehead que lo recomienda para entrar a formar parte del selecto club de "Los apóstoles", formado por jóvenes brillantes de la universidad que se reunían todas las semanas para hablar sin ningún tipo de prejuicio ni tabúes sobre temas de cualquier índole.

A pesar de la teoría liberal que impregnaba el club al que pertenecía es apartado del Trínity College en 1916 por sus actividades políticas de izquierda socialista contrarias a la primera guerra mundial, que consideraba una guerra entre naciones imperialistas. Finalmente su activismo le lleva cuatro meses a prisión, tiempo que aprovecharía para escribir su primer libro de éxito "introducción a la filosofía matemática".

En 1920 viaja a la URSS y aunque conoce a Lenin y se queda asombrado con su personalidad, al mismo tiempo siente una honda decepción por la forma de implantar el comunismo que está teniendo lugar, ya que es un socialista científico convencido y reniega del camino hacia el socialismo estatalista autoritario que en su opinión se estaba intentando establecerse en la URSS.

Sus escritos más conocidos son, además de "análisis de la mente" y "análisis de la materia", "Principia Mathematica" y "los problemas de la filosofía".

Fue hasta el final de su vida un activista pacifista convencido, actividad que le llevó dos veces a prisión. La primera la citada anteriormente durante la primera guerra mundial y la segunda en los años 50 del siglo XX durante una manifestación en contra de la proliferación de armas nucleares.

FEDERICA MONTSENY

Madrid 1905 - Tolosa 1994

Escritora, ensayista, política y sindicalista anarquista española. Primera mujer en alcanzar un cargo ministerial en Europa.

Hija de anarquistas fue educada en casa por sus padres que no creían en la educación convencional. Un fuerte sentido de la libertad y una educación muy amplia en conocimientos, principalmente literatura, teatro y ciencias, forjaron un carácter libertario en ella desde muy niña, que ya no abandonaría durante el resto de su vida.

Desde muy pequeña su aprendizaje educativo se complementa con una vida de mítines y actividades políticas de la mano de sus padres, que le enseñaron el valor de comprometerse por los ideales y el bien común.

En el plano artístico se la considera una niña prodigio desde muy pequeña y con tan solo 16 años publica su primera novela titulada "horas trágicas" comenzando así una actividad literaria y artística que ya no abandonaría durante el resto de su vida.

Con tan solo 17 años comienza a colaborar en publicaciones anarquistas y un año después se afilia a la

Confederación Nacional de Trabajadores (C.N.T.) comenzando así su implicación activa en política.

Durante los años veinte y treinta dirigió y colaboró con artículos en varias revistas y semanarios de la época, principalmente de orientación libertaria, como "Revista blanca", "Solidaridad obrera" o "El luchador, periódico de sátira, crítica, doctrina y combate".

Durante la segunda república española fue nombrada ministra, convirtiéndose en la primera mujer que ocupó un cargo ministerial en Europa. Al finalizar la guerra civil española se exilia en Francia y al ser ésta ocupada por las tropas nazis es encarcelada hasta 1944.

A la muerte del dictador Franco, en 1977, regresa a España y retoma su actividad cultural y política dando conferencias y charlas sobre diversos temas, principalmente políticos y literarios.

Muere en 1994 con 88 años de edad. Escritora de a una amplia obra, destacan entre sus obras títulos como "La novela ideal" y "La novela libre", "la indomable" en novela o "El anarquismo militante y la realidad española", "La comuna de Paris y la revolución española" o "los precursores: Anselmo Lorenzo, el hombre y la obra" en ensayo político.

GEORGE ORWELL

(Seudónimo de Eric Arthur Blair).

Motihari 1903 - Londres 1950

Escritor, ensayista y periodista británico. Está considerado como uno de los mejores ensayistas en lengua inglesa del siglo XX, además de un gran novelista político en cuya obra destacan dos novelas, "1984" y "Rebelión en la granja" que son consideradas dos obras maestras contra el totalitarismo.

Nacido en la India, colonia británica en ese momento, se traslada a Gran Bretaña a vivir con solo dos años. A los seis años comienza sus estudios en la escuela de su pueblo y su gran inteligencia llama la atención del director, que lo recomienda para ingresar en la escuela St. Cyprian en Sussex, una de las escuelas de mayor renombre de la época en Inglaterra.

Tras finalizar sus estudios de secundaria se une a la policía imperial en Birmania ante la imposibilidad de ir a la universidad por falta de recursos familiares. Es curiosamente durante su permanencia en dicho cuerpo cuando desarrolla su odio hacia el imperialismo y su ideología política socialista que ya no abandonaría durante el resto de su vida. En consecuencia abandona la policía y escribe "Los días de Birmania".

Durante la guerra civil española colabora con el bando republicano y al finalizar la contienda escribe su libro "Homenaje a Catalunya" en el cual relata sus experiencias en España durante este periodo. También criticó la destrucción del anarquismo español a manos del PCE dominado por los estalinistas.

De igual manera, y a pesar de ser un socialista científico convencido, su condición no le impidió criticar la deriva totalitarista en la que había caído la revolución soviética de la mano de Stalin.

Sus obras más influyentes, además de las ya anteriormente citadas ("Homenaje a Catalunya", "Rebelión en la granja" y "1984") destacan "El camino a Wigan Pier", "Subir a por aire", "Los días de Birmania" y "Sin blanca en Paris y Londres", siendo ésta última una novela autobiográfica en la cual describe su etapa en estas dos ciudades en las cuales conoció la pobreza más extrema viviendo directamente de la caridad.

En 1968 a título póstumo se publicó una colección de varios volúmenes, en la cual se plasmaron sus principales ensayos y columnas periodísticas, titulada "Ensayos completos: periodismo y cartas".

RAFAEL ALBERTI

El puerto de Santa María 1902 - ídem 1999

Poeta y escritor español miembro de "la generación del 27". Está considerado como uno de los mejores escritores de la "edad de plata de la literatura española".

Durante su infancia se crió en un ambiente de libertad y despreocupaciones debido a las largas ausencias de su padre por motivos laborales, hecho que forjó en él un carácter libre que le marcaría para el resto de su vida, principalmente en lo referente a estudios reglados. No superó cuarto de bachiller y fue expulsado innumerables veces de los centros por los que iba pasando.

Su iniciación en el mundo del arte vino de la mano de la pintura aunque a la muerte de su padre, en 1920, compuso unos poemas en su honor que serían el comienzo de una gran trayectoria como poeta. De hecho , tan solo 5 años después recibe el premio nacional de poesía y en 1927 junto con otros poetas españoles rinden un homenaje a Luis de Góngora naciendo así la "generación del 27".

En 1930 funda la revista revolucionaria "Octubre" junto a María Teresa de león, que sería a la postre su compañera sentimental. En este mismo año es invitado a viajar a la Unión Soviética para participar en una reunión de escritores antifascistas.

En plena dictadura de Primo de Rivera participa en revueltas estudiantiles y se afilia al Partido Comunista y posteriormente, en 1936, al estallar la guerra civil crea junto a otros intelectuales la "Alianza de intelectuales antifascistas".

Su militancia comunista le llevó al exilio al finalizar la contienda del que no regresaría hasta 1977. Durante esta etapa vivió inicialmente en Francia, de la que tuvo que huir ante el avance del ejército de la Alemania nazi. Llega a Chile y desde ahí parte hacia Argentina en donde vivió durante muchos años para finalmente, unos pocos años antes de su regreso a España, instalarse en Italia.

Aunque su obra es extensa, destacan por encima de toda ella títulos como "Marinero en tierra", que obtuvo el premio nacional de literatura en 1925 y "Sobre los ángeles". Asimismo sus firmes convicciones políticas le llevan a escribir varios libros de poesía política que alcanzaron también un gran éxito, entre los que destacan "Consignas", "Un fantasma recorre Europa", "13 bandas y 48 estrellas" y "De un momento a otro".

Rafael Alberti continuó agrandando su obra con gran intensidad hasta prácticamente su muerte, que ocurrió en 1999 en su casa de El puerto de santa María, su ciudad natal y en donde fueron esparcidas sus cenizas por expreso deseo.

MARIO BENEDETI

Paso de los Toros 1920 - Montevideo 2009

Escritor y poeta Uruguayo, miembro de la "generación del 45". Tuvo una infancia muy humilde y debido a ello no finalizó sus estudios secundarios siendo su educación complemente autodidacta.

Comienza muy joven a trabajar en los más diversos oficios hasta su comienzo formal en el mundo de las letras, que llegaría finalmente en 1945 de la mano del periodismo, cuando comenzó a colaborar a la edad de veinticinco años en el diario "La Mañana" y posteriormente en los periódicos "El diario" y "Tribuna Popular".

Poco después llegaron sus primeros grandes éxitos en el mundo de la poesía con "Poemas de la oficina" publicado en 1956 y "Montevedianos" en 1959 a los cuales le siguió inmediatamente su primer gran éxito como ensayista; "El país de la cola de paja", publicado en 1960 y como novelista por "La tregua", publicado el mismo año y al que siguió en 1965 "Gracias por el fuego", que supuso su consolidación como escritor y en el cual retrató la sociedad política uruguaya y sus entramados de corrupción.

También tuvo un gran éxito con su obra poética que es bastante extensa y en la que destacan títulos como "La casa y el ladrillo", "Vientos del exilio", "Geografías" o "las soledades de Babel".

A nivel político su militancia activa comienza con apenas 30 años cuando en 1950 participa activamente contra el tratado militar con los Estados Unidos. En 1971 se une a miembros de grupo revolucionario Tupamaros y funda "El movimiento de independientes 26 de Marzo" que se presentaría a las elecciones de ese mismo año en coalición con otros partidos en el "Frente Amplio de Izquierdas".

En 1973 se produce un golpe de estado y sus posicionamientos políticos socialistas le llevan al exilio del que volvería diez años después. Durante esta época de su vida vive en Perú, en donde es detenido y deportado por sus convicciones socialistas, Cuba y España.

Regresa a Uruguay al finalizar la dictadura y se involucra activamente en la vida política del país, formando parte de la "Comisión Nacional Pro Referéndum" que se constituye para revocar una ley que impedía juzgar a los miembros del gobierno autoritario anterior.

Sus últimos años de vida fueron los de su reconocimiento internacional como persona y artista con la concesión de múltiples premios a su labor y trayectoria. Murió finalmente a la edad de 89 años en Montevideo.

JOSE MARTÍ

La Habana 1853 - Dos Ríos 1895

Filósofo, poeta, escritor, periodista y político cubano miembro del movimiento literario "modernismo". Con tan solo 12 años su talento para la cultura y las letras llama la atención del poeta Rafael María, que se haría cargo personalmente de su educación durante esa etapa de su vida.

Precoz en todos los aspectos de la vida, con tan solo 16 años se involucra en los movimientos independentistas cubanos y un año después, tras el encarcelamiento de su mentor, es condenado a seis años de cárcel por participar en actividades subversivas.

Es deportado a España y se matricula en la universidad de Zaragoza en donde estudia derecho, filosofía y letras. Aunque sentía un sincero afecto por España nunca perdonó su política colonial hacia cuba y en su obra "La República Española ante la revolución cubana". Exiliado nuevamente en México y posteriormente en USA, ayuda a organizar un nuevo movimiento revolucionario cubano y finalmente funda el "Partido Revolucionario Cubano" del que fue el primer secretario general.

Con 42 años parte hacia Cuba con un pequeño contingente armado con la intención de conseguir la independencia pero muere en un enfrentamiento con las tropas españolas. Es considerado junto a Simón Bolívar y San Martin uno de los principales libertadores de Iberoamérica.

Además de su faceta política está considerado uno de los más grandes poetas hispanoamericanos de todos los tiempos, destacando entre otros los libros de poemas "Ismaelillo", "Versos libres" y "Versos sencillos".

VICTOR JARA

San Ignacio 1932 - Santiago de Chile 1973

Músico y director de teatro chileno. Nació en una familia campesina muy humilde motivo por el cual tuvo que ayudar desde niño a la economía familiar trabajando en el campo hecho que le impidió tener apenas tuvo estudios reglados. No obstante, desde muy pequeño entró en contacto con la música folclórica de la mano de su madre, que tocaba la guitarra y se volcó en su educación musical.

Con tan solo 15 años queda huérfano e ingresa en un seminario, momento en el que se inicia en la música clásica y el canto gregoriano. Dos años después lo abandona por falta de vocación y se desplaza a Santiago de Chile. Ingresa entonces en la "Escuela de Teatro de la Universidad de Chile" y su talento para la interpretación y la música llama la atención de la artista Violeta Parra quien lo acogería como discípulo suyo y con la cual mantendría una gran amistad hasta la muerte de ella.

Al finalizar sus estudios se convierte en director teatral y compone su primera obra teatral: "Parecido a la felicidad". Compagina el teatro con la música y sus obras reflejan las desigualdades sociales y las miserias de la sociedad chilena. A finales de los años 60 se involucra en política y apoya la candidatura de Salvador Allende, el cual al acceder a la presidencia lo nombra

En 1973 se produce un golpe de estado y su militancia socialista le lleva a ser encarcelado y torturado hasta morir a manos de los golpistas chilenos a las órdenes de Pinochet. Su canción protesta fue un referente para una generación entera de jóvenes. Entre sus principales obras musicales se encuentran "Canto Libre" y "El derecho a vivir en paz".

LEONARD BERNSTEIN

Lawrence, Massachusetts 1918 - New York 1990

Pianista, compositor y director Estadounidense, está considerado como uno de los mejores directores de orquesta de su época, siendo además el primer director de orquesta de Estados unidos que alcanzó reconocimiento internacional.

Hijo de una familia acomodada su padre solía llevarlo a ver conciertos de música clásica y en uno de ellos, escuchando a un solista interpretando una pieza en el piano, se despertó su pasión por este instrumento y posteriormente por la composición musical. Aunque inicialmente su familia se negó a comprarle un piano la suerte se alió de su parte y una tía suya que estaba en proceso de separación le regaló el suyo al no poder llevárselo a su nueva vivienda. Cuando esto sucedió Leonard tenía tan solo diez años. En 1933, cinco años después, su padre asombrado por el talento como compositor de su hijo le regaló un piano de cola.

Estudia Música en la Universidad de Harvard en donde tiene el privilegio de ser discípulo del gran profesor de composición Walter Piston. A pesar de reconocer públicamente su bisexualidad, es en esta etapa en donde conoce a su gran amor Felicia Cohn Montealegre con la cual pasaría el resto de su vida, salvo un periodo de un año en el que convivió con otro hombre.

Persona de ideas progresistas de izquierdas, aunque crítico con la URSS y la forma de implantar el socialismo científico en los países de su órbita, siempre estuvo próximo a la problemática social, formando parte de fundaciones y asociaciones que luchaban contra las desigualdades y las injusticias sociales.

Interpretó la novena sinfonía de Beethoven en las celebraciones de la caída del muro de Berlín como homenaje a la Unión política de Alemania al entender que ésta suponía el comienzo de "una nueva era sin fronteras entre las naciones de Europa".

Sus composiciones más importantes fueron "Trouble in Haiti" y "West side history", considerado este último como uno de los mejores musicales de la historia. También destacan en su obra una ópera titulada "A quiet place" y tres sinfonías.

Murió en 1990 a los 72 años. Durante su funeral la comitiva desfiló por las calles de New York y a su paso los obreros de la construcción se sacaron sus cascos y lo despidieron al grito silencio de "Goodbye Lenny".

ORSON WELLES

Kenosha 1915 - Los Ángeles 1985

Actor, guionista y director de cine. Considerado uno de los mejores directores de cine de toda la historia.

Con tan solo seis años el médico de la familia se dio cuenta de la gran inteligencia de Orson y animado por sus consejos su madre los instruyó en las más diversas expresiones artísticas, principalmente música y pintura. Posteriormente, durante su adolescencia, al morir su madre, su padre se hace cargo de él y fascinado por su talento lo inicia en el mundo de las artes audiovisuales con tan solo 15 años. A su muerte se traslada a vivir a Irlanda y con tan solo 18 años comienza a comenzar a trabajar en el teatro en Dublín y un año después en Broadway en New York.

Pocos años después, a la edad de 23 años, alcanzó fama internacional cuando presentó su obra radiofónica "La guerra de los mundos" y que, al ser radiada sin avisar que era una obra de ciencia ficción, provocó que la mayoría de los oyentes creyeran que estaba sucediendo una verdadera invasión extraterrestre, dando lugar a verdaderas escenas de pánico en muchas ciudades estadounidenses.

Este gran éxito le reportó un contrato para realizar tres películas, siendo una de ellas, "Ciudadano Kane", la que le llevó a la fama como director, además de estar considerada como una de las mejores películas de todos los tiempos.

Problemas derivados de sus planteamientos políticos socialistas le obligan, durante la caza de brujas de la era de McCarthy, a trasladarse a Europa como a muchos otros artistas e intelectuales. Continúa en diversos países europeos con su trabajo como actor y también como director, actividad que financiaba con el dinero que ganaba como actor. Durante este periodo en Europa graba la que sería su segunda obra maestra: "touch of evil", al que siguieron otros títulos no menos importantes en calidad y aceptación entre el público como "El proceso" o "F for Fake".

A su vuelta a Estados Unidos a finales de los años 50 del siglo XX graba otra de las películas consideradas geniales de su carrera, titulada "Sed de mal".

A su muerte, ocurrida en 1985 en Los Ángeles, sus restos fueron enviados a España, país por el que sentía un especial cariño, y descansan en la finca privada de su gran amigo, el famoso matador de toros, Antonio Ordoñez. Años después de su muerte se estrenó una película restaurada que había comenzado en 1955 basada en una visión personal de "El quijote".

LUIS BUÑUEL

Calanda 1900 - Ciudad de México 1983

Director de cine español nacionalizado mexicano. Está considerado como uno de los directores más innovadores de la historia del cine. Nacido en el seno de una familia acomodada pasó su infancia y juventud en la ciudad de Zaragoza en donde cursó sus estudios de primaria y secundaria.

Con 17 años se traslada a Madrid a estudiar en la universidad y aunque originalmente su idea era cursar ingeniería agrónoma acaba finalmente realizando estudios dispersos de varias disciplinas, entre ellas entomología y filosofía y letras.

En 1925 asiste a una conferencia del artista e intelectual Louis Aragón, unos de los padres del surrealismo, y fascinado decide irse con él a Paris, en donde además, de su mano, se inicia en el activismo político y se afilia al Partido Comunista Francés.

En esta etapa parisina comienza a colaborar como crítico en revistas de arte y cine, consigue pequeños papeles en obras de teatro y centra todo su talento artístico en el cine comenzando a producir sus primeras obras.

En 1930, con una fama creciente, es contratado como "observador" por la compañía cinematográfica Metro Goldwyn Mayer y se deslaza a Hollywood en donde conoce a gente como Charles Chaplin o Serguei Eisenstein.

Tras no lograr rodar con la compañía de Hollywood regresa a España en 1932 y rueda el documental "Las Hurdes, tierra sin pan", en donde refleja la miseria de amplias capas de la sociedad rural española de la época. El documental es inicialmente censurado pero rápidamente logra difundirse por canales no convencionales y en el extranjero.

El comienzo de la guerra civil española le pilla en Madrid y, después de posicionarse con el gobierno legítimo republicano, para el cual rueda el documental "España Leal en armas", marcha al exilio a México al finalizar la contienda, país del que obtiene la nacionalidad en 1949 en donde viviría de forma regular hasta el día de su muerte, ocurrida en 1983 cuando tenía 83 años de edad. Creador y trabajador incombustible rodó hasta muy avanzada edad siendo sus dos últimos trabajos las películas "Ese oscuro deseo" y "El discreto encanto de la burguesía", obra que recibió el Oscar de Holliwood a la mejor película extranjera.

Entre sus obras destacan "Un perro andaluz", "Los olvidados", "Viridiana" y sobre todo "El ángel exterminador", sátira rodada en 1962 con la burguesía como objetivo de la crítica de la película y considerada como una de las mejores obras maestras del cine surrealista.

OSCAR WILDE

Dublín 1854 - Paris 1900

Dramaturgo, escritor, poeta irlandés. Considerado uno de los dramaturgos más importantes e influyentes de lengua inglesa.

Descendiente de una familia de intelectuales, desde pequeño demostró una inteligencia fuera de lo común y ya de niño hablaba con fluidez varias lenguas, entre ellas francés y alemán. Estudiante brillante realiza sus estudios universitarios en el Trinity College de Dublín y en el Magdalen College de Oxford, centro en el que recibió el premio de poesía Newdigate, uno de los más prestigiosos de su época.

En 1882, un año después de publicar "poemas", su primer libro de éxito, inició una serie de conferencias en las cuales expuso su teoría del "arte por el arte" que sentaría las bases del movimiento filosófico denominado dantismo. A su vuelta prosiguió por Francia y Gran Bretaña su serie de conferencias por los más prestigiosos centros culturales

En el máximo momento de su popularidad se vio envuelto en una campaña de difamación iniciada por el marqués de Queenberry acusándolo de homosexual.

Aunque intentó defenderse de la moral de la época las leyes también estaba en su contra y finalmente su condición de homosexual le llevó a la cárcel, en donde escribió "De profundis", considerada una de sus mejores obras y un clásico de la literatura universal. También escribió durante su estancia "Balada de la cárcel de Reading"

Tras quedar en libertad se trasladó a vivir a París, lugar en donde escribiría "La balada de la cárcel de Reading", que sería su última obra. Murió en 1900, a la edad de 46 años, indigente en las calles de París.

Además de las obras anteriormente citadas, también escribió otras obras consideradas universales como "La importancia de llamarse Ernesto" y "El retrato de Dorian Gray".

Desde un punto de vista ideológico, Oscar Wilde creía que el hombre podía organizarse en un sistema socialista anarquista, pensamiento que expuso en su libro "El alma del hombre bajo el socialismo".

Este pensamiento ideológico, en las antípodas de la moral reinante en la Gran Bretaña de finales del siglo XIX, se vio reflejado en la totalidad de sus obras, en las cuales siempre había un lugar para la crítica a las estructuras y normas sociales imperantes y para la hipocresía de una sociedad que las aceptaba sin plantearse el porqué de sus orígenes.

THEODOR ADORNO

Fráncfort 1903 - Viege 1969

Musicólogo, sociólogo y filósofo alemán. Es considerado uno de los máximos representantes de la "Teoría crítica de la sociedad", línea filosófica de inspiración marxista nacida en el "Instituto para la investigación social" de Frankfurt.

Nació en una familia acomodada, su padre era un comerciante judío alemán y su madre una artista de origen franco-italiano, de quien tomó el apellido por el que se le conoce. Fue ella, que era soprano de ópera, junto a su hermana Agatha, pianista de gran talento, las que lo introdujeron en la música de niño estimulando y aprovechando entre ambas todo su talento.

En 1920, con tan solo 17 años compuso sus primeras obras musicales, temas de vanguardia atonales. Ingresó al año siguiente en la universidad de Fráncfort realizando estudios multidisciplinares en sicología y sociología, música y filosofía. En 1925 se va a vivir a Viena y estudia composición musical al mismo tiempo que publica sus primeros libros sobre composición musical en los cuales introducía conceptos filosóficos.

En 1933 ingresa en el "Instituto para la investigación social" pero con la llegada de los nazis al poder es cerrado y se ve obligado a irse al exilio, del que no volvería hasta 1949, cuatro años después de finalizada la segunda guerra mundial. Se hace entonces cargo de la dirección del instituto y mantiene relaciones con los pensadores y artistas más importantes y vanguardistas de su época, como John Cage, Antonioni o Samuel Beckett. En el momento de su muerte a la edad de 66 años, Adorno estaba trabajando en su libro "Teoría estética", publicada póstumamente en 1970. Otras de sus obras más famosas son "dialéctica de la ilustración" y "escritos filosóficos tempranos".

FELIX WEIL

Buenos Aires 1898 - Dover 1975

Intelectual y principal mecenas financiero del "Instituto de investigación Social" de la Universidad de Frankfurt.

Hijo de una rica familia judía-argentina de comerciantes de cereales y otros alimentos, desde muy joven sintió inquietudes sociales y políticas. Inicia con 18 años sus estudios universitarios comenzando su activismo a través de su participación en movimientos asociacionistas y políticos, principalmente de orientación marxista. Finaliza sus estudios universitarios cum laude y se doctora en Ciencias Políticas.

En 1922 financia la "Primera semana de trabajo marxista" a la que se suman grandes de los principales intelectuales marxistas de la época, como Richard Sorge, Karl Korsch, Friedrich Pollock, Karl Wittfogel o Georg Lukács entre otros.

El evento se convierte en un referente político de primer orden y animado por el éxito decide financiar, junto a su amigo Friedrich Polloc, el "Instituto para la investigación social" en la universidad de Frankfurt, referente marxista internacional que sería conocido como

"Escuela de Frankfurt", por la cual pasarían como maestros importantes figuras del pensamiento marxista. Se puede afirmar que gracias a sus aportes monetarios muchos socialistas pudieron formarse gratuitamente de la mano de los grandes pensadores de su tiempo.

Su pensamiento político, así como las columnas o pequeños ensayos que escribió mostrándolos, giraban normalmente en torno a "los problemas funcionales sobre la implantación del socialismo", en los que solía analizar las formas y plazos en los que sería posible implantar el socialismo marxista.

FEDERICO GARCÍA LORCA

Fuente Vaqueros 1898 – Fosa común 1936

Poeta y dramaturgo español, miembro de la llamada generación del 27, está considerado el escritor de mayor influencia en la literatura española del siglo XX y uno de los dramaturgos más importantes, junto a Buero Vallejo y Valle-Inclán.

Nacido en una familia de clase media acomodada, su madre era profesora y desde que Federico era muy pequeño fomentó en él la pasión por la literatura, aunque hasta su adolescencia se interesó más por la música que por la literatura.

Ingresa en la universidad en 1914 y se matricula en la carrera de Derecho y en la de Filosofía y Letras, cursando ambas al mismo tiempo. Es en esta época de estudiante cuando establece una relación con personalidades de la talla de Juan Ramón Jiménez, Rafael Alberti, Salvador Dalí y, por encima de todo, Juan Ramón Jiménez, que influiría en su visión poética y con el cual llegaría a tener una gran amistad.

Es durante su etapa como miembro de la "Generación del 27" cuando alcanza su madurez literaria y sobre todo poética, publicando "Canciones" y "Primer romancero gitano". En 1929 se establece en New York a propuesta de Fernando Ríos, etapa que aprovecha para aprender inglés y comenzar a escribir su libro "poeta en Nueva York", que se publicaría a título póstumo cuatro años después de su muerte.

Fue ejecutado durante la guerra civil española por los golpistas por su ideología comunista y su abierta homosexualidad. Entre sus obras destacan "la casa de Bernarda Alba", "bodas de sangre", "Yerma" y "La zapatera prodigiosa".

DANIEL ALFONSO CASTELAO

Rianxo 1886 - Buenos Aires 1950

Escritor, pintor, caricaturista y político gallego. Fue sin duda su faceta de caricaturista la que más fama le dio. En ellas retrató las miserias del campesino gallego y las insidias de los caciques locales.

Aunque nació en Galicia su familia emigró a Argentina y allí residió hasta los 16 años, en donde descubrió el mundo de las caricaturas a través del semanario "Caras y caretas". Regresa a España e inicia sus estudios de medicina en la Universidad de Santiago de Compostela. Es esta etapa cuando profundiza en el mundo de la pintura y la caricatura, llegando a exponer su obra en Madrid en el año 1908 y colaborando con la revista "Vida Gallega".

En 1912 decide implicarse políticamente y se une al movimiento "Acción gallega", momento en el que su pensamiento comienza a madurar hasta desembocar claramente en posiciones nacionalistas de izquierda. En 1926 es elegido miembro de la Academia Gallega.

Como político de izquierdas y socialista, participó activamente en política durante la República y fue uno de los padres del "Estatuto de autonomía de Galicia". Elegido diputado independiente en 1931 paras las cortes constituyentes de la república, fue uno de los padres fundadores del histórico "Partido Galeguista", por el cual se presenta en la coalición "Frente Popular" a las elecciones de Febrero de 1936, siendo elegido diputado para las cortes.

El golpe de estado de 1936 lo sorprende en Madrid y allí reside hasta el final de la guerra, momento en el cual inicia su exilio, primero en Nueva York para instalarse definitivamente en Buenos Aires, Argentina.

Durante el exilio fue ministro del gobierno republicano en el Exilio. Aunque inicialmente se desplazó a vivir a Nueva York, después de un tiempo en esa ciudad se instaló definitivamente en Buenos Aires.

Murió en 1950 en el sanatorio del centro gallego de Buenos Aires. Sus restos fueron traslados en 1984 y descansan desde entonces en el "Panteón de Galegos ilustres".

Sus obras más importantes son "Cousas", "Nos", "milicianos", "Os vellos non deben de namorarse" y "Sempre en Galiza", escrito durante su exilio y considerado el manifiesto nacionalista gallego por excelencia.

LUIS GARCÍA BERLANGA

Valencia 1921 - Madrid 2010

Guionista y director de cine español. Nació en el seno de una acaudalada familia de terratenientes con fuerte tradición de militancia política liberal y de izquierdas, de hecho su padre militaba en Unión Republicana, partido de centro-izquierda integrado en el Frente Popular durante las elecciones de 1936.

En la universidad estudió Derecho y posteriormente también filosofía y letras aunque con 26 años decide seguir a su corazón y dar rienda suelta a su verdadera vocación, el cine, e ingresa en el recién creado "Instituto de investigaciones y Experiencias Cinematográficas de Madrid", siendo por lo tanto alumno de la primera promoción que salió del centro y casualmente su primer titulado.

Sus inicios políticos de juventud vinieron de la mano del fascismo e incluso llegó a presentarse voluntario para ir en la División Azul como soldado a combatir contra los aliados en la segunda guerra mundial. No obstante a lo largo de su vida fue evolucionando hacia posiciones progresistas y socialistas, ideas que le causaron problemas con las autoridades de la dictadura franquista.

Su debut como director llegó en 1951 con la película "Esa pareja feliz", que contó con la colaboración de Juan Antonio Bardem, considerado junto a Berlanga como el otro gran renovador del cine español.

A este título le siguieron algunas de las películas más elogiadas del cine español, como pueden ser "El verdugo", "Bienvenido Míster Marshall", "la escopeta nacional", los "jueves milagro" o "Plácido", película esta última muy crítica con la sociedad española de la época y a través de cuyos personajes denuncia la hipocresía de una sociedad anestesiada. Fue nominada a los premios Oscar como mejor película de habla no inglesa en 1961.

Su obra se caracteriza su gran sentido de la ironía para describir las situaciones políticas y sociales de la época que le tocó vivir, siendo además admirado por su capacidad para burlar la censura durante el franquismo. A la muerte del dictador siguió creando obras consideradas clave en el cine español como "El vaquilla" o "Todos a la cárcel". Su última película rodada fue "Paris-Tomtuctú" con casi 80 años de edad.

Murió en 2010 a la edad de 89 años.

JUAN ANTONIO BARDEM

Madrid 1922 - ídem 2002

Director de cine español. Nacido en el seno de una familia vinculada al teatro desde varias generaciones, este hecho le obligó a recorrer de niño toda la geografía española, conociendo de primera mano la España de postguerra y su gran miseria económica, política y social, creando en él ya desde muy joven una gran conciencia social y política.

Estudia inicialmente ingeniería agrónoma en la universidad pero al acabar la carrera se matricula en el "Instituto de Investigaciones y Experiencias Cinematográficas" y durante la etapa que pasa en centro escribe varios guiones para cortos cinematográficos y colabora en algunas películas como "Paseo por una guerra antigua o "Barajas aeropuerto internacional".

Su verdadero salto a la fama artística llega en 1951 al lado de Berlanga, con quien codirige "Esa pareja feliz" y al año siguiente colabora en el guion de "¡Bienvenido, Míster Marshall!". Es también la época en la que muestra abiertamente su militancia comunista que no abandonaría hasta su muerte y que le trajo muchos problemas con la censura durante la dictadura franquista.

En 1953 inicia su carrera en solitario y tan solo dos años después, por la película "Muerte de un ciclista", recibe el "Premio de la Crítica internacional" en el festival de Cannes, al que le seguiría al año siguiente el "Premio de la Crítica" en el festival de Venecia por la película "Calle Mayor", película por la que fue encarcelado mientras la grababa por su crítica social y política al régimen.

Otra de sus grandes películas es "Siete días de Enero", premio "Golden Price" en el festival de Moscú y en la que narra el asesinato de cuatro abogados laboralistas militantes del Partido Comunista Español en 1978.

SERGEI M. EISENSTEIN

Riga 1898 - Moscú 1948

Director de cine y de teatro soviético de origen judío. Pionero en el uso de montaje de cine, su arte sentó las bases del cine moderno por lo que se le considera uno de los más grandes cineastas de todos los tiempos. En 1917, Con tan solo 19 años, al enterarse del comienzo de la revolución soviética, se alista como voluntario en las "milicias rojas" y participa activamente en la revolución.

Se inicia en el mundo de las artes audiovisuales durante su etapa en el "Ejército Rojo", al trabajar como director y decorador en obras de teatro para la tropa. Empieza a interesarse por el cine y rueda su primera obra, un cortometraje titulado "El sabio", obra a la que seguiría en 1924 su primera película, "La huelga", obra que le reportaría una gran fama y prestigio.

Como consecuencia de su creciente fama le encargan, desde las más altas instancias del nuevo régimen soviético, rodar una película que conmemore el 20 aniversario de la revolución de 1905. Grava entonces la que sería su obra más importante: "El acorazado Potemkin", considerada como una de las películas más importantes del cine de todos los tiempos.

En 1927 graba otra de sus grandes obras maestras; "Octubre", basada en la obra de John Reed "Los días que conmovieron al mundo" y en la que se reconstruyen la revolución de octubre de 1917. Sus profundas convicciones comunistas le llevaron incluso a conflictos con las autoridades soviéticas, de las que creía que estaban institucionalizando la revolución de 1917 y apartándose de sus objetivos iniciales. No obstante su popularidad era tan grande que ni Stalin se atrevió a contrariarlo. Murió en 1948 con tan solo 50 años dejando varias obras inconclusas.

PHILL OCH

El Paso, Texas 1940 - New York 1976

Cantautor Estadounidense y emblema de la denominada "Generación Hippie" de la que se considera uno de sus compositores más influyentes junto a Bob Dylan.

Nacido en una familia humilde, su padre, veterano de la segunda guerra mundial con serios problemas mentales, provocaron que tuviera una infancia muy difícil y que siendo tan solo un adolescente abandonara su hogar rumbo a Nueva York, en donde ya a mediados de los años cincuenta era bastante conocido.

Sus canciones eran consideradas como dardos envenenados contra la línea de flotación del sistema democrático liberal de los USA. Al contrario de otros cantautores de la época, Och no empleaba parábolas ni metáforas en las letras de sus canciones. Eran directas y sencillas, con una melodía hermosa y muy melódica, en ellas atacaba claramente a las oligarquías de su país, el militarismo y su industria asociada, así como la hipocresía de los organismos y poderes del estado y de su sistema político, que siempre acababa anteponiendo los intereses de los poderosos a los del pueblo al que decía que se debía sobre todas las cosas.

Su ideología socialista le granjeó problemas con las autoridades, sobre todo durante la guerra del Vietnam, a la cual se opuso abiertamente y a la que dedicó una de sus canciones más famosas, titulada "I ain´t marchin anymore" (No desfilaré nunca más).

Deprimido por la incomprensión de la mayoría de sus compatriotas hacia su obra y pensamiento, alcoholizado y con un trastorno bipolar, se suicida con tan solo 36 años, convirtiéndose en uno de los grandes símbolos de su generación.

PABLO NERUDA

Parral 1903 - Santiago de Chile 1973

Pablo Neruda es el seudónimo del poeta chileno Ricardo Eliécer Neftalí Reyes Basoalto. Premio Nobel de literatura en el año 1971. Es el más importante poeta Chileno y está considerado como uno de los más influyentes del siglo XX. Escritores de la talla de Gabriel García Márquez, también premio Nobel de literatura, dijeron de él que había sido "El más grande poeta de todo el siglo XX en cualquier idioma", palabras que suscribieron muchos otros grandes escritores.

Nacido en una familia humilde pronto mostró unas dotes y un talento especial para la escritura. Con tan solo 13 años ya escribía artículos para periódicos locales y con 15 años queda en tercer lugar en los "Juegos florales" por su poema "Comunión idea o nocturno ideal". Con 17 años comienza a utilizar el seudónimo de "Pablo Neruda", y en 1921 se traslada a vivir a Santiago de Chile, donde gana ese mismo año el primer premio de los "juegos florales".

Publica en 1924 su primer poemario completo titulado "Veinte poemas de amor y una canción desesperada", al que le seguirían en 1926 tres nuevos libros: "El habitante y su esperanza", "Anillos" y "Tentativa del hombre infinito".

Después de una etapa de carrera diplomática que le lleva por varios países del mundo regresa a Chile en 1943 y gana ese mismo año el premio nacional de literatura. En 1963 es nominado al Premio Nobel y en 1971 galardonado con dicho premio. Entre sus grandes obras destacan, además de las ya citadas: "Los versos del capitán", "Canto general", "Residencia en la tierra" o "España en el corazón", escrita durante la guerra civil española.

Su militancia comunista activa, fue incluso miembro del comité central del Partido Comunista Chileno, le llevó a ser considerado un "enemigo público" por los regímenes militares sudamericanos.

En 1973, al saber del golpe militar que provocaría la llegada de la dictadura del general Pinochet a Chile y la muerte de su gran amigo Allende, se agrava su ya delicado estado de salud y es trasladado de urgencia desde su casa en la Isla Negra a la capital de Chile, en donde moriría el 23 de Noviembre, oficialmente como consecuencia del avanzado estado en el que se encontraba un cáncer de próstata que padecía, aunque familiares suyos solicitaron una autopsia y es probable que fuera asesinado por inyección letal para evitar que los últimos días de su vida hablara sobre asuntos incómodos para el nuevo régimen.

FRIDA KAHLO

Coyoacán 1907 - ídem 1954

Pintora mexicana. Hija de un fotógrafo de renombre de origen judío de mentalidad muy avanzada para la época, el cual animó siempre a su hija a ser la artista que deseaba.

Con tan solo tres años sufre un ataque poliomielitis que le dejaría una salud precaria y muchos problemas motrices durante el resto de su vida, obligándola a pasar grandes temporadas tumbada. Estas circunstancias se vieron reflejadas en algunos de sus mejores cuadros como "Niña con máscara de muerte" o "Ella juega sola", en los cuales se refleja la soledad de su infancia.

En 1922 ingresa en la Escuela Nacional Preparatoria, una de las más prestigiosas instituciones de México en donde entabla gran amistad con el grupo de alumnos "los Cachuchas", que posteriormente serían personas de gran éxito intelectual o profesional y cuyas ideas políticas se movían entre el anarquismo y posiciones revolucionarias románticas de raíz socialista.

En 1925 sufre un terrible accidente de tráfico que le obligaron a pasar por 32 operaciones, influyendo en su carácter. Es también en esta época en la que conoce al que sería su marido, el gran muralista y pintor Diego Rivera y con quien se iría a vivir a Nueva York entre 1931 y 1934. A su vuelta a México comienza a exponer y su obra a codearse con los mejores artistas pictóricos de la época.

Su colección de autorretratos la lanzó definitivamente a la fama. Expuso en las principales galerías del mundo y compartió espacio con los grandes de la época, como André Bretón y Pablo Picasso. Como anécdota decir que fue amante de Trotsky. Entre sus obras destacan "Las dos Fridas", "El guardián" y "Diego y yo".

SIMONE DE BEAUVOIR

Paris 1908 - ídem 1986

Novelista y filósofa francesa. Pareja del filósofo Jean Paul Sartre, algunas de sus obras, como el "El segundo sexo", se consideran fundamentales dentro del pensamiento feminista.

Nacida en el seno de una familia acaudalada y educada con mano de hierro en la moral cristiana, relata en su autobiografía como descubrió otro mundo al ingresar en la universidad, de la mano de Sartre y otras personas de su ambiente político y filosófico, deja de creer en Dios y descubre que es la dueña de su vida y de sus actos, momento que la marcaría para el resto de su vida y que reflejaría muchas veces en su obra.

Se gradúa 1943 en Filosofía y letras, año en el que también publica su primera obra, titulada "La invitada", a la que siguieron otros títulos como "la sangre de los otros" y "Pyrrhus y Cineas".

Comprometida social y políticamente, participa de manera activa en debates, coloquios y movimientos sociales de la época, atacando con gran dureza a la derecha francesa a la que acusa de reaccionaria. Funda junto a P. Sastre, Camus y Merleau-Ponty la revista "Tiempos" en

1945, momento en el que alcanza un gran reconocimiento intelectual y su pensamiento y obra la convierten en un referente del pensamiento francés de la segunda mitad del siglo XX.

En los años siguientes publicaría obras imprescindibles del pensamiento contemporáneo, destacando "El existencialismo y la sabiduría de los pueblos", "Todos los hombres son mortales" y "Una moral para la ambigüedad" y sobre todo "El segundo sexo".

DIEGO RIVERA

Guanajuato 1886 - Ciudad de México 1957

Pintor Mexicano considerado uno de los más importantes muralistas de su época. Pareja sentimental de la gran pintora mexicana Frida Kalho.

Con tan solo 10 años comienza tomar clases de pintura en contra del deseo de su padre, que quería que ingresara en una academia militar. Pronto se dan cuenta de su gran talento para la pintura y con 19 años recibe una ayuda pública de la Secretaría de Educación y otra de de la gobernación de Veracruz, que le permite viajar por diversos países de Europa, principalmente España, Francia e Italia, para instruirse en el mundo del arte pictórico. Durante esta etapa es admitido como discípulo de pintores tan importantes como Eduardo Chicharro.

Se identifica plenamente con los revolucionarios mexicanos y regresa en 1922 a su México natal. Se inicia entonces su etapa muralista en la que crea, junto a David Alfaro Siqueiros, el "Sindicato de pintores" de profunda raíz indigenista.

En 1927 es invitado a Moscú a los actos conmemorativos de la revolución de Octubre de 1917 y en 1930 a los Estados Unidos, en donde realizaría una serie de murales muy controvertidos por su temática socialista y su ensalzamiento de la revolución soviética.

A nivel político, Diego Rivera fue miembro fundador en su juventud del Partido Comunista de México y un activista comprometido con la causa del socialismo científico. Cuando León Trotsky fue expulsado de la URSS intercedió personalmente ante el presidente de México Lázaro Cárdenas para que le diera asilo político, quien finalmente se lo concedió.

JULIO VERNE

Nantes 1828 - Amiens 1905

Escritor y poeta Francés, considerado el padre de la ciencia ficción junto a H. G. Wells, es uno de los más grandes escritores de todos los tiempos por la influencia de su obra en la literatura vanguardista y surrealista. Además en su obra Predijo, con una exactitud increíble para su época, avances tecnológicos que tardarían decenios en llegar, como los submarinos, las naves espaciales, los helicópteros o la televisión entre muchos otros más.

Nacido en una familia burguesa su padre intentó en vano que siguiera sus pasos de abogado, pero Verne tenía otras ideas en la cabeza y pronto abandona sus estudios de derecho para dedicarse plenamente a su gran pasión, la escritura. Su padre como represalia deja de pasarle dinero y lo que gana apenas le da para comer, provocando en él una etapa de salud precaria que se vería reflejada en sus primeros libros, cuando describe a personajes con trastornos similares a los que padecía él mismo.

Durante los años 50 del siglo XIX comienza a publicar sus primeras obras en forma de relatos cortos, como pueden ser "El museo de las Familias" o "un drama en México". En 1859 acaba su primera novela titulada "Paris en el siglo XX", aunque sería curiosamente la última en ser publicada en el año 1994, mucho después de su muerte y gracias a un biznieto que la encontró en una caja fuerte. Cuatro años después, en 1863, publica su primera novela titulada "Cinco semanas en globo".

Su obra es tan extensa y profunda que haría falta un libro entero para analizarla, no obstante, por encima de muchas otras destacan las novelas "20.000 leguas de viaje submarino", "De la tierra a la luna", "La isla misteriosa", "la vuelta al mundo en 80 días", "Viaje al centro de la tierra", "La invasión del Mar", "El faro del fin del mundo", "Miguel Strogoff" y "La impresionante aventura de la misión Barsac", escrita esta última obra en 1919 y en la cual se anticipan los estados autoritarios que llegarían posteriormente a diversas partes del planeta.

A nivel político, si se analiza cronológicamente su obra, se puede ir comprobando como va abandonando los estereotipos propios de la clase social en la que había sido criado para acabar en una militancia socialista abierta, de hecho su última novela fue censurada y publicada muchos años después de su muerte. Fue miembro del partido Radical Socialista y concejal por dicho partido en su ciudad natal durante 15 años. Murió de diabetes en 1905 a la edad de 77 años.

STANISLAW LEM

Leópolis (Ucrania) 1921 - Cracovia (Polonia) 2006. Escritor polaco principalmente de ciencia ficción, estilo del que es considerado uno de los máximos exponentes del siglo XX.

Hijo de una familia de origen judío convertida al catolicismo, inició estudios de medicina que tuvo que interrumpir al comenzar la Segunda Guerra Mundial, momento en el cual empezó a trabajar como soldador. Se une a la resistencia comunista polaca y utiliza los conocimientos de su nueva profesión para realizar actos de sabotaje contra el ejército nazi. También realiza operaciones de contrabando de armas y municiones ocultas en vehículos que decía estar probando para el taller en el que era soldador.

En 1946, al finalizar la contienda, retoma sus estudios de medicina y publica su primera obra, un pequeño libro titulado "El hombre de Marte", al cual le seguiría en 1948 su primera novela, "El hospital de la transfiguración", que no se publicará hasta 1955 debido a problemas con la censura oficial, por lo que su primera obra publicada fue "Los astronautas" escrita en 1951.

A pesar de ser una persona de férreas convicciones socialistas, tuvo problemas con la censura estalinista polaca próxima a los dictados de la Unión Soviética, quien consideraba que muchos de los temas que trataba en sus obras eran el reflejo de la influencia del sistema capitalista en que había vivido, como el resto de polacos, hasta el establecimiento del régimen comunista.

En la mayoría de sus libros Lem escribió principalmente las reacciones físicas y emocionales que podrían provocar un hipotético encuentro entre seres humanos y seres de una civilización extraterrestre, describiendo al mismo tiempo inquietantes mundos ajenos al nuestro. Sus obras más conocidas son "Los astronautas", "Ciberiada" y "Solaris", considerada ésta última una de las obras maestras de la ciencia ficción. A pesar de su reconocimiento como uno de los grandes autores del género de la ciencia ficción, siempre se consideró a sí mismo como un cientista que siempre intentó buscar confirmación científica de los que escribía para darle a su obra una base científica coherente y duradera en el tiempo.

A mediados de los años 80 hizo público su deseo de abandonar su carrera literaria al presentar la que sería su última novela, titulada "Fiasco" y se concentró en escribir pequeños ensayos de temática generalmente social. Murió a la edad de ochenta y cuatro años en su casa de Cracovia después de una larga enfermedad coronaria. De sus libros se vendieron casi 30 millones de copias y han sido traducidos a más de 40 idiomas.

PAUL ROBESON

Princeton 1898 - ídem 1976

Hombre polifacético, fue atleta, actor, cantante, escritor y por encima de todo ello activista de los derechos civiles. Ésta condición unida a su ideología socialista le ocasionó muchos problemas con las autoridades de su país.

Hijo de un esclavo liberado que había llegado a ser predicador baptista, comenzó sus estudios universitarios en la universidad de Rutgers, Nueva Jersey, pero debido a sus excelentes calificaciones, las mejores de su promoción, obtuvo una beca para finalizar sus estudios de derecho en la universidad de Columbia y, aunque finalizó la carrera con las más altas calificaciones, debido a la discriminación racial existente en la sociedad americana de principios del siglo XX, no pudo hallar trabajo como abogado en ningún despacho.

Luchó con la Brigada Lincoln como voluntario en la guerra civil española, momento en el que pronunció una de sus frases más conocidas: "El artista debe tomar partido. Debe elegir luchar por la libertad o por la esclavitud. Yo he elegido. No tenía otra alternativa". Pero su repertorio de frases memorables es amplio y no me resisto a mostrar algunas de ellas. Durante un viaje a Inglaterra dijo; "El carácter esencial de una nación no está determinado por las clases altas, sino por el pueblo, y los pueblos de todas las naciones son hermanos en la gran familia de la Humanidad".

Cuando fue perseguido por el FBI durante el macartismo, en el juicio que tuvo lugar contra sus ideas el fiscal le preguntó porque no se iba de USA, a lo que le contestó: "Porque mi padre era un esclavo, y mi gente murió para construir este país, y voy a permanecer aquí y a tener una parte de él, exactamente igual que usted, y ningún fascista importado me sacará de él".

AARON COPLAND

New York 1900 - Idem 1990

Compositor estadounidense de música clásica y de bandas sonoras. Hijo de familia judía de origen ruso, su obra está muy influenciada por grandes autores del impresionismo, como Igor Stravinsky.

Poseedor de un talento increíble para la música, ya de niño su entorno se da cuenta de ello y con tan solo 16 años inicia estudios de armonía y contrapunto con Rubin Golmark y dos años después, por sugerencia de éste, de piano con Victor Wittgestein y posteriormente con Clarence Adler. Finalmente completa su formación recibiendo en 1921 clases de composición de la mano de la célebre música Nadia Boulanger.

En 1925 estrena su primera obra de envergadura, titulada "Sinfonía para órgano y orquesta" e interpretada por la Orquesta filarmónica de Nueva York. El éxito de esta obra le reporta fama e ingresos suficientes para vivir con tranquilidad y se centra en la composición, creando obras tan importantes como "Music por Theater", "Concierto para piano y orquesta" y "Oda sinfónica", interpretada esta última en su estreno en 1929 por la orquesta sinfónica de Boston.

Activista político desde su juventud, participó en la campaña electoral de 1936, pidiendo el voto para el Partido Comunista lo que le ocasionó múltiples problemas con las autoridades así como una feroz persecución durante el macartismo que le llevaría a comparecer ante el Comité de Actividades Antiamericanas.

Entre sus obras, además de las ya citadas, destacan la banda sonora de la película "la heredera", que le valió el Oscar, así como "Fanfarria para el hombre común" y "Doce poemas de Emily Dickinson".

LEV LANDÁU

Bakú 1908 - Moscú 1968

Físico y matemático soviético, premio Nobel de Física en 1962. Nacido en el seno de una familia burguesa de origen judío, ya desde pequeño reveló su talento para las matemáticas, fue considerado niño prodigio y con tan solo 13 años ya había finalizado sus estudios secundarios.

En 1922, con tan solo 14 años ingresa en la Universidad de Bakú y estudia dos carreras al mismo tiempo, Ciencias Físicas y Matemáticas y ciencias Químicas. Dos años después, con tan solo 16 años es enviado al principal centro de estudios de física de la recién nacida Unión Soviética. Con 19 años finaliza cum laude sus estudios y publica su primer artículo, relacionado con la física cuántica. Finalmente, con tan solo 21 años acaba su tesis, dirigida por el físico soviético Abram Loffe, obteniendo el doctorado en física cuántica.

En 1929 recibe una beca del gobierno soviético y durante los dos años siguientes trabaja en universidades y centros de investigación de diversos países, siendo en las universidades de Gotinga y Leipzig donde desarrollará los trabajos más fructíferos de esta etapa en el extranjero.

A pesar de ser un socialista convencido y estar afiliado al PCUS, tuvo algunos problemas durante el salinismo. Afortunadamente la fama internacional adquirida por la brillantez de su trabajo impidió a los censores cualquier tipo de acto represivo sobre su persona, tanto laboral como personal. Su aportación más brillante al mundo de las ciencias vino de la mano de la física cuántica con el estudio de la superfluidad del He, que le reportaría el premio Nobel de física. Escribió una colección de diez volúmenes, considerados imprescindibles en cualquier biblioteca de física, "Curso de física teórica".

PATRICK MAYNARD

Londres 1897 - ídem 1974

Físico experimental y ensayista político inglés galardonado con el premio Nobel de física en 1948 por su trabajo sobre el origen de los rayos cósmicos. También son muy conocidos y galardonados sus ensayos sobre paleomagnetismo y sobre todo su trabajo con la "cámara de niebla".

Estudió física en la Universidad de Cambridge en donde es discípulo del afamado físico británico Ernest Rutherford, creador del modelo atómico que lleva su nombre. En 1925, dirigido por su gran maestro logra fotografiar por primera vez las transmutaciones nucleares que se producen cuando se bombardean los núcleos atómicos con partículas alfa. En 1932 descubre, a la par que el físico Carl David Anderson, el positrón, antipartícula del electrón predicha teóricamente años atrás por el físico Paul Dirac.

Durante la segunda guerra mundial, como muchos compañeros, se une activamente a la lucha contra el fascismo y redacta un informe para el gobierno británico en el que se mostraba muy crítico con los que él consideraba "pobres resultados" del bombardeo estratégico que llevaba a cabo el ejército sobre objetivos enemigos, considerando en su informe que no servían para quebrar su voluntad ni para detener su producción. Este informe le valió el reproche del alto mando y su alejamiento de los círculos de información. Una vez finalizada la guerra, en 1947, un estudio militar sobre estrategia aérea durante la guerra concluyó que el estudio de Patrick Blackett eran absolutamente correctos.

En 1947 intenta explicar el campo magnético de la tierra en función de su rotación en un intento de unificar teóricamente la fuerza electromagnética y la fuerza de la gravedad. Descubre que sus teorías no son válidas, pero gracias a los estudios realizados logra proporcionar pruebas para validar la teoría de la "deriva continental" y profundizar en el desarrollo de las teorías relacionadas con el paleomagnetismo.

Además de recibir el premio nobel, Patrick Maynar fue también miembro de las principales academias y sociedades científicas y físicas del mundo, incluída la Royal Society of London de la cual fue presidente durante más de un lustro. También fue docente en las universidades de Londres, Manchester y en el "Imperial College of Science and Technology".

Conocido por sus posturas políticas radicales, se identificó abierta y públicamente con la ideología socialista y durante las elecciones hacía campaña activa por el partido laborista británico. A pesar de ser uno de los padres de la bomba atómica, mostró siempre su oposición al empleo de la energía atómica con finalidades bélicas, alertando de las consecuencias de dicho uso en sus libros "Las consecuencias políticas y militares de la energía atómica", "Las armas atómicas y las relaciones Este-Oeste" y "Estudios de guerra".

PHILIP K. DICK

Chicago 1928 - Santa Ana 1982

Escritor de ciencia ficción estadounidense, considerado uno de los más influyentes de este género.

Nacido en 1929 junto a su hermana melliza, la muerte de ésta, tan solo cinco semanas después de su nacimiento, afectó profundamente tanto a la obra de Dick como a todos los demás aspectos de su vida. De hecho escribió una novela en su recuerdo titulada "El gemelo fantasma".

Mal estudiante en general, abandonó la universidad de Berkeley sin finalizar sus estudios de filología alemana. No obstante durante su estancia en la universidad entabla una gran amistad con el poeta Robert Duncan, quien le animó a escribir al comprobar que era "un gran creador de historias".

A pesar de que su manera de escribir era poco académica y muy desordenada, llego a enamorar con sus libros a lectores como John Lennon, Robert Crumb o Timothy Leary, quienes alabaron públicamente su obra y los conocimientos que transmitía.

En un plano político se relaciona con el movimiento contracultural beat y con sus poetas de ideas izquierdistas. Socialista convencido, se opuso públicamente a la guerra de Vietnam, lo cual le trajo problemas con el FBI.

Dick dejó escritas obras de gran calidad, como "El hombre en el castillo", "Tiempo de Marte" o "Los tres estigmas de Palmer Eldritch", así como su obra más conocida: "¿sueñan los androides con ovejas eléctricas?", también conocida como "Blade Runner", título con el que la novela fue adaptada al cine. Murió días antes de su millonario estreno, en la más absoluta pobreza.

BERTOLT BRECHT

Augsburgo 1898 - Berlín 1956

Poeta y dramaturgo alemán, creador del denominado teatro épico. Su poesía está considerada como una de las más influyentes del siglo XX.

A pesar de nacer en una familia burguesa y de que sus padres intentaran que recibiera una educación religiosa y estricta, Brecht fue un niño rebelde e inconformista empeñado en vivir al margen de las normas sociales de la época y atraído por todo lo diferente. Niño prodigio, en el instituto, durante la primera guerra mundial, escribe un ensayo en el que llama "propaganda dirigida" incitar a la gente a morir por la patria, algo en lo que solo los tontos caen.

En su juventud se movió entre artistas socialistas, los cuales influirían en sus posiciones políticas. Afiliado al partido comunista desde 1929, tuvo problemas durante el régimen nazi por lo que tuvo que exiliarse. Acabada la segunda guerra mundial el nuevo gobierno "democrático" de la República Federal Alemana, heredero del régimen nazi y gobernado por la misma derecha que había aupado a Adolf Hitler al poder, le niega la entrada por lo que después de una breve estancia en la URSS acaba viviendo en California.

Intenta entonces introducirse en la industria del cine pero se niegan a aceptar sus guiones por sus ideas políticas. Finalmente acaba siendo investigado durante el macartismo y ante la amenaza de encarcelamiento tiene que volver a exiliarse, esta vez con destino a Suiza.

En su extensa obra destacan títulos como "La ópera de cuatro cuartos", "Madre coraje y sus hijos", "El señor puntilla y su criado Matti" y "Ascenso y caída de la ciudad de Mahagonny".

ERICH FROMM

Fráncfort del Meno 1900 - Muralto 1980

Filósofo, psicólogo y sociólogo de origen judío alemán. Estudioso de las teorías de Marx y miembro fundador del "Instituto de Investigaciones Sociales" en la universidad de Fráncfort está considerado como uno de los más importantes renovadores de la teoría y práctica del sicoanálisis del siglo XX.

Nacido en una familia practicante judía, quiso seguir en su juventud los pasos de algunos de sus miembros que eran rabinos. Sin embargo, cuando inicia sus estudios de derecho en la universidad de Fráncfort, toma contacto con grupos de estudiantes socialistas y su aptitud hacia la vida, así como sus creencias más profundas, sufren un cambio radical.

En 1934, con la toma del poder por parte del partido nazi, tiene que abandonar Alemania junto con la mayor parte de los miembros del "Instituto de Investigaciones Sociales". Se instala definitivamente en Estados Unidos y comienza a dar clases en las prestigiosas universidades del país.

Activista de los derechos civiles y pacifista, se opuso por igual al comunismo de estado soviético que al capitalismo. Durante la guerra del Vietnam participó activamente en las movilizaciones en las que se pedía el regreso de las tropas americanas. Sus posturas eran claramente anarquistas abogando por un modelo de socialismo humanista y democrático. Critica abiertamente la sociedad de consumo y la pasividad del ser humano, al que acusa de transformarse en un bien de consumo. Entre sus obras más destacadas se encuentran los títulos "El arte de amar", "El miedo a la libertad", "La misión de Sigmund Freud", "Anatomía de la destructividad humana" o "¿Tener y o ser?

ANDRÉ MALRAUX

París 1901 - Créteil 1976

Novelista, aventurero y político francés. Hombre comprometido y poco convencional, a veces es difícil separar su vida real de algunos elementos de su obra novelada, motivo por el cual algunos, como su biógrafo Olivier Todd, lo consideran "el primer escritor de su generación que logró edificar de una manera eficaz su propio mito".

Crece un una familia de clase media acomodada y es desde niño un mal estudiante, lo cual le lleva a abandonar los estudios a los 17 años de edad. Se inicia entonces una etapa de formación autodidacta y su talento innato es pronto reconocido en los círculos de vanguardia parisinos de la época, liderados por gente como André Bretón o Louis Aragon. Es en este etapa cuando publica en 1920 su primer trabajo, titulado "Lunes en papel", al que seguirían títulos como "Sobre los orígenes de la poesía" y "La tentación de Occidente", "Los conquistadores" o "La condición humana", obra que se convertiría en su libro más célebre.

Con la llegada del nazismo a Alemania y el ascenso del fascismo en Europa se compromete políticamente y se afilia al Partido Comunista. Durante la guerra civil española consigue formar una escuadrilla aérea de voluntarios en Francia y ponerlos al servicio del gobierno republicano, participando él mismo en combates aéreos con las brigadas internacionales. Durante la ocupación nazi de Francia también formó parte de la resistencia. A pesar de no dejar de ser nunca comunista a nivel personal, desencuentros con las cúpulas del partido le llevan a abandonarlo.

Además de las obras ya citadas, también hay que destacar "La vida real", "La esperanza" y "Antimemorias" consideradas tres de sus mejores obras.

MIGUEL HERNÁNDEZ

Orihuela 1910 - Alicante 1942

Poeta y dramaturgo español, considerado uno de los más influyentes del siglo XX. Aunque por edad se le encuadra en la generación del 36, a nivel personal siempre estuvo próximo a los escritores de la generación del 27, considerando Dámaso Alonso, miembro de dicha generación, que Miguel Hernández era el "genial epígono de la generación del 27.

Nacido en una familia humilde y tercer hijo de siete hermanos, no pudo completar sus estudios secundarios al tener que abandonarlos para dedicarse por completo al pastoreo para ayudar a la economía familiar. Formado de manera autodidacta, en sus constantes visitas a la biblioteca municipal acaba relacionándose con escritores de la talla de Manuel Molina o Ramón Sijé, con quién entablaría una gran amistad y al que le acabaría dedicando su célebre obra "Elegía".

En 1931, todavía con 20 años de edad, recibe su primer premio de poesía por el poema de 138 versos titulado Canto a Valencia. Comienza entonces a colaborar en revistas literarias y finalmente se traslada a vivir a Madrid en donde acaba trabajando en las revistas literarias "La Gaceta Literaria" y "Estampa".

Al estallar la guerra civil se alista en el ejército republicano y es encuadrado en el 5º regimiento combatiendo en los frentes de Andalucía, Extremadura y Teruel. También durante la guerra fue invitado al II Congreso Internacional de Escritores Antifascistas y a visitar la URSS representando a la república española.

Finalizada la guerra fue encarcelado y con tan solo 31 años murió víctima de una tuberculosis. Entre sus obras destacan "El rayo que no cesa", "El hombre acecha" y "Cancionero y romancero de ausencias".

WASSILY KANDINSKY

Moscú 1866 - Neully-sur-Seine 1944

Pintor ruso pionero y teórico del arte abstracto y padre de la corriente pictórica denominada "abstracción lírica". Considerado uno de los grandes pintores del siglo XX con su obra también se inició la corriente expresionista.

Nació en el seno de una familia acaudalada y ya desde pequeño mostro un talento especial para la pintura, que fue además apoyado e impulsado por su familia. En su juventud compagina los estudios de derecho y economía con clases de pintura, a través de las cuales descubre a Rembrandt y Monet, dos artistas que le marcarían durante toda su vida.

Con 30 años decide abandonar su carrera de docente en leyes y economía renunciando de esta manear a un futuro como académico ya consolidado y con un salario elevado. Se traslada entonces a Munich a completar y ampliar sus conocimientos de pintura con la firme intención de dedicarse a tiempo completo a la creación de su obra. Una vez establecido en Munich estudia con Antón Abe y posteriormente con Franz Von Stuck.

En 1901 funda junto a otros pintores locales el grupo de pintura Phlanx y un año más tarde expone en Berlín por primera vez su obra. La exposición es un éxito y empieza ganar fama y a ser invitado por salas de arte para que exponga sus cuadros.

En 1908 Vilhelm Worringer publica "Abstracción y empatía", obra que le servirá de base teórica a Kandinsky para desarrollar su corriente pictórica abstracta. En 1912 publica "De lo espiritual en el Arte", libro en el expone por primera vez la idea de "Abstracción Lírica" y en el cual realiza una dura crítica contra las academias de arte tradicionalistas.

Comunista convencido, durante la revolución soviética de 1917 trabajó en el comisariado del pueblo y posteriormente en el desarrollo del modelo soviético de educación artística y en la reforma del museo de Moscú. Finalmente, en 1921 acaba dejando la URSS como protesta por el rumbo autoritario que estaba tomando.

Se traslada en 1922 a vivir a Alemania y donde clases de pintura y talleres en las cuales enseña su teoría del color y las formas, siendo el desarrollo teórico de las formas en la pintura el que le llevaría a publicar su segundo libro de ensayo artístico, titulado "Punto y línea sobre el plano".

En 1933, con la llegada de los nazis al poder en Alemania, que consideraban decadente su obra, se traslada a vivir a Francia, país en el que viviría hasta su muerte en 1944 y en el cual pintaría sus dos últimas obras importantes

Además de pintor también fue un reconocido escritor de ensayos técnicos y artísticos entre los que destacan, además del citado anteriormente, los libros "De lo espiritual en el arte", publicado en 1912 y "Almanaque de der Blaue Reiter".

DAVID VILLAR POZA

ITALO CALVINO

Santiago de las Vegas 1923 - Siena 1985

Escritor italiano, considerado uno de los más importantes del siglo XX en lengua italiana.

Nacido en Cuba sus padres se trasladan a Italia cuando tenía solo dos años en donde recibe una educación laica y antifascista acorde al pensamiento de ambos progenitores, que se declaraban librepensadores. En 1941 se matricula en la universidad de ingeniería agrónoma en donde su padre era profesor, pero al poco tiempo es llamado al servicio militar durante la república Social Italiana (régimen de Mussolini).

Antes de incorporarse a filas deserta junto a su hermano y ambos se unen a las brigadas partisanas "Giuseppe Garibaldi" de ideología comunista dentro de las cuales participan activamente en la lucha contra el fascismo. Una vez finalizada la segunda guerra mundial ingresa en el Partido Comunista Italiano y empieza colaborar en periódicos de izquierdas.

En 1947 publica su primera novela "El sendero de los nidos de araña" en la cual describe muchas de sus experiencias como partisano. A esta publicación le sigue una colección de cuentos titulada "Ultimo viene el cuervo" y posteriormente, durante los años 50, publica una trilogía de tres novelas: "El vizconde demediado", el barón rampante" y "El caballero inexistente", que lo convierten en uno de los autores italianos más reconocidos de su época.

A finales de los años cincuenta, y después de la invasión de Hungría por la URSS, abandona en señal de protesta el Partido Comunista Italiano y se produce un descenso en sus actividades políticas, centrándose en su labor como escritor.

En 1964 se traslada a Cuba y tiene encuentros con personalidades culturales y políticas de la revolución cubana, entre ellos con Ernesto Che Guevara. Conoce también durante esta etapa a su mujer, la argentina Esther Judit Singer, conocida como chiquita.

En 1967 se trasladan a vivir a Paris y entra en contacto con el grupo de intelectuales "Oulipo", en donde crece su interés en la relación entre las ciencias naturales y la sociología. Dicho interés le llevo a escribir títulos como "Il castello dei destini incrociati", "la taberna dei destini incrociati o "Le cittá invisible". En todos estos títulos el autor utiliza ciertas combinaciones para desarrollar los acontecimientos de la trama, de ahí que a esta etapa como autor se la denomine "época combinatoria".

En 1980 regresa a Roma, ciudad en la que viviría hasta su muerte, por ictus cerebral en 1985. Además de las obras ya citadas otros títulos imprescindibles de su obra son: "El castillo de los destinos cruzados", "las ciudades invisibles" y "Si una noche de invierno un viajero".

ALEJO CARPENTIER

Lausana 1904 - Paris 1980

Periodista, musicólogo y Novelista Cubano, considerado uno de los más grandes e influyentes escritores en lengua castellana del siglo XX así como una pieza clave en la renovación de la literatura latinoamericana.

Hijo de un arquitecto francés y una profesora de idiomas rusa. Ambos se trasladaron a vivir a Cuba al poco de nacer Alejo porque tenían interés en la cultura hispánica y en criar a sus hijos en fuera del ambiente europeo, al que consideraba decadente. Esta decisión paterna permitió que Alejo creciera en un ambiente multicultural y multirracial que marcaría su vida y su obra de manera determinante.

Educado por sus padres hasta la edad de 17 años, ingresó en 1920 en la Universidad de Arquitectura, pero al poco tiempo abandonaría la carrera para implicarse en la política y sobre todo en el periodismo, iniciando una carrera profesional que ya no abandonaría durante el resto de su vida y de cuya mano vendrían sus primeros escritos publicados, principalmente columnas de opinión.

DAVID VILLAR POZA

En 1927 suscribe junto a otros intelectuales y políticos cubanos el "Manifiesto minorista", por el cual sería encarcelado acusado de profesar y propagar ideas comunistas. Es durante esta estancia en la cárcel cuando escribe su primera novela, titulada "Ecué-Yamba-O".

Al salir de la cárcel se exilia en Francia y publica una recopilación de artículos a la que titula "Ensayos convergentes". A esta obra le siguieron dos novelas cortas tituladas "El estudiante" y "El milagro del ascensor" y finalmente, en 1953 su primera novela: "Los pasos perdidos", que supondrían su consagración como escritor.

Regresa a Cuba cuando triunfa la revolución y fiel a su incansable compromiso político y social, así como a su asombrosa capacidad de trabajo, acaba siendo director entre muchos otros cargos, de la "Editorial Nacional de Cuba", del Consejo Nacional de Universidades, de la Academia de Ciencias de Cuba, del Consejo Nacional de Cultura, de la Organización de las Naciones Unidas para la educación, la Ciencia y la Cultura y de la Casa de las Américas.

Ampliamente reconocido por introducir en su obra su teoría de "lo real maravilloso" y formas neo-barrocas, desarrolló una extensa obra literaria que ha sido considerada clave en el desarrollo contemporáneo de la literatura latinoamericana, destacando entre ellas títulos como "El reino de este mundo", "El arpa y la sombra" y "El siglo de las luces".

HOWARD P. LOVECRAFT

Providence 1890 - idem 1937

Escritor estadounidense especializado en los géneros de ciencia ficción y sobre todo de terror, en el cual se le considera un innovador ya que mezcló por primera vez los dos géneros (ficción y terror). Además de este género, por el cual es conocido, publicó también obras de ensayo político, literatura epistolar y poesía.

Descendiente de una familia aristocrática y criado en un ambiente intelectual, ya desde pequeño mostró dotes para la creación de historias y una imaginación desbordante. Educado en casa hasta los 12 años por su abuelo, con tan solo 10 años ya publicaba pequeñas columnas en revistas científicas.

Entre 1908 y 1913 sufre un proceso depresivo y se convierte en un ermitaño mientras, sin apenas contacto con el exterior, se centra en escribir poesía. En 19226 publica su primera novela: "La llamada de Cthulhu", a la que le siguieron títulos como "En las montañas de la locura" o "El caso de Charles Dexter Ward".

De ideología socialista, durante la "gran depresión" apoyó abiertamente a Roosevelt y las políticas económicas keynesianas. Es obligado decir, desgraciadamente, que no fue capaz de superar durante su vida los prejuicios racistas y antisemitas en los que había sido educado y así los plasmó en sus obras, considerando a los anglosajones superiores ética y moralmente frente a los demás. Su mujer, de origen judío, a menudo tenía que recordarle de donde procedía ella. Sobre todo cuando realizaba ciertos comentarios en público o por algunas partes de sus libros.

Entre sus obras destacan "El intruso", "La sombra sobre Innsmouth" y "Más allá del muro del sueño".

PIOTR KROPOTKIN

Moscú 1842 - Dmitrov 1921

Geógrafo, geólogo y naturalista y ensayista político ruso. Considerado uno de los principales teóricos del movimiento anarquista fundó la corriente anarco comunista. Como geógrafo y geólogo estudió, principalmente en la Rusia siberiana, la estructura orográfica de Asia así como los fósiles de la zona, que le permitió elaborar su teoría sobre las eras glaciares.

Nacido en una familia de la alta aristocracia rusa, su padre era dueño de grandes latifundios y tenía a su servicio a más de 1.200 siervos. Por orden directa del Zar ingresa a la edad de 12 años en la academia para altos oficiales del ejército, a pesar de lo cual recibe una educación liberal y racionalista.

Destinado a Siberia por deseo propio al licenciarse como oficial, realiza varias expediciones por las zonas montañosas siberianas realizando descubrimiento científicos de gran valor que ayudaron a comprender mejor la flora y la fauna de esa zona del planeta. Fue también durante esta etapa, observando el comportamiento de algunas especies animales, cuando desarrollo sus teorías sobre "apoyo mutuo" y altruismo social, observando colaboraciones entre animales de la misma especie o de diferentes especies.

En 1874 expuso su teoría en la cual demostraba que la glaciación había alcanzado el centro de Europa y que la desecación de Eurasia se debía al retroceso de los hielos glaciares, teoría por la que fue propuesto para el cargo de "Presidente de Geografía Física de la Sociedad Geográfica Rusa". Pero koprotkin rechaza el cargo pues sus intereses personales habían evolucionado claramente hacia posiciones revolucionarias.

En 1872 parte hacia Suiza para conocer de primera mano el movimiento obrero europeo. Se instala en Zurich y contacta con un grupo de exiliados rusos fuertemente influidos por las teorías socialistas anarquistas de Mijail Bakunin. Se incorporó a la primera internacional pero pronto quedó desencantado con el sector marxista, cuyo comportamiento consideraba oportunista. Se acercó entonces a grupos "bakunistas" lo que le acabaría llevando a abrazar la corriente anarquista del socialismo científico. Durante el resto del tiempo que duró su exilió vivó también en Gran Bretaña y en Francia, país en el que fue encarcelado por sus ideas acusado de pertenecer a la internacional. No obstante su fama como intelectual y científico era ya tan grande que el estado francés recibió críticas y peticiones de indulto procedentes de intelectuales y científicos famosos de todo el mundo.

Regresa a Rusia al estallar la revolución soviética y aunque la apoya y también a Lenin, lo hace siempre desde posiciones críticas a lo que él creía que eran derivas autoritarias de los bolcheviques. Muere en febrero de 1921 y aunque el gobierno bolchevique le ofrece a la familia un funeral oficial de estado éstos rechazan la oferta y le organizan una ceremonia personal. Según las crónicas de la época su cortejo fúnebre fue acompañado por más de 100.00 personas durante los 8km de recorrido.

ANTONIO MACHADO

Sevilla 1875 – Collioure 1939

Poeta español miembro de la generación del 98 y del movimiento literario modernista, aunque evolucionó con los años, a través de la poesía, hacía una literatura romántica y de un fuerte compromiso humanista.

Nació en el seno de una familia acomodada y de ideas naturalistas y liberales. Se traslada a vivir a Madrid con 8 años y accede a una escuela que sigue los métodos pedagógicos de la "Institución de libre enseñanaza", ideario pedagógico del que después sería un ferviente defensor.

Con un talento especial para la poesía, comienza en 1899 a colaborar en revistas literarias y secciones culturales de periódicos, publicando de este modo sus primeras poesías. En 1902, tan solo tres años después publica su primer libro titulado "Soledades", del cual publicaría una versión extendida en 1907.

En esta etapa de su juventud conoció a escritores españoles de la talla de Valle Inclán, Miguel de Unamuno, Pío Baroja o Juan Ramón Jiménez y a escritores y pensadores internacionales como Oscar Wilde o el filósofo Henri Bergson, cuyas teorías le impactaron y marcaron profundamente.

En 1909 se casa con Leonor Izquierdo, 19 años más joven que él, y contra todo pronóstico el matrimonio funciona y se entiende perfectamente. La juventud de Leonor y la felicidad que le causa compartir su vida con ella provoca en Machado el comienzo de una etapa muy prolífica, no solo en cuanto a creación literaria, sino también en el plano personal.

En 1912, escrita durante la grave enfermedad que llevaría a su mujer a la muerte y finalizada pocos días antes de dicho suceso, publica "Campos de Castilla", considerada por la mayoría de los críticos como una de las grandes obras de la poesía en lengua castellana.

A pesar del éxito de "Campos de Castilla", La muerte de Leonor lleva a Machado a una época de depresión y penuria de la que ya nunca más se recuperaría plenamente y que imprimieron un carácter más sombrío a su obra.

Al estallar la guerra civil española escribe a favor de la república en el periódico "la vanguardia" y se une a la "Alianza de Intelectuales Antifascistas".

Entre sus obras, además de las ya citadas, destacan "El crimen fue en granada", "Poesías completas" y "La guerra", escrita esta última durante la guerra civil.

VICENTE HUIDOBRO

Santiago de Chile 1893 - Cartagena de Chile 1948

Poeta chileno creador de la corriente creacionista y considerado como uno de los padres intelectuales de la "poesía de vanguardia" en América Latina.

Nace en una familia acaudalada relacionada con la política y las finanzas. A pesar de no ser muy común en la alta sociedad chilena de la época, su madre, activista feminista y mecenas cultural, lo educa en casa hasta la adolescencia un ambiente liberal y racional.

Viaja por Europa durante su juventud y se instala durante unos años en Paris. En esta ciudad conoce a gente como Max Jacob, Joan Miró o Picasso, por lo que esta etapa será recordada por Huidobro como la de "un profundo enriquecimiento intelectual y cultural" en sus propias palabras.

Colabora en revistas literarias junto a otros poetas como Bretón, Aragón o Apollinaire, al mismo tiempo que publica sus primeros poemas. Es en esta etapa cuando funda la corriente poética "Creacionista", en la cual sitúa al creador literario a la altura de los dioses capaces de crear nuevos mundos. La mejor manera de describir el creacionismo es una frase suya: "¿Por qué cantáis a la rosa, oh poetas?, hacedla florecer en el poema".

Activista político y pacifista convencido, se posiciona a favor del bando republicano español y participa en el congreso de intelectuales antifascistas. De regreso a Chile escribe el poema "fuera de aquí", como protesta a la visita de militares fascistas italianos a Chile, lo cual le cuesta una agresión.

Poeta fecundo, escribió docenas de obras, pero entre ellas destacan "Temblor de cielo", "Espejo de Agua" y "Altazor o el viaje en paracaídas".

VITEZSLAV NEZVAL

Moravia 1900 - Praga 1958

Escritor Checo, considerado uno de los más prolíficos e influyentes del siglo XX y fundador en ese país del movimiento literario surrealista.

Niño prodigio con un talento especial para las artes, con once años ya estudiaba música y composición y escribía sus primeras obras poéticas. Se matricula en la universidad en Filosofía pero no finaliza sus estudios al decidir dedicarse de lleno al mundo de la literatura, seducido por la gran escena literaria de la ciudad de Praga de principios del siglo XX.

Funda junto a otros intelectuales checos el grupo "nueve fuerzas", de clara orientación marxista, y que apoya a la recién creada URSS. El grupo también busca inspiración en la literatura de vanguardia francesa y en autores como Bretón, Aragon, Eluard, con quieres Nezval tuvo una gran amistad personal y cuya influencia convirtió a "nueve fuerzas" en uno del os primeros grupos de la vanguardia literaria europea fuera de Francia.

Durante la invasión nazi tiene problemas con las autoridades ocupantes pero logra sobrevivir a la guerra. Finalizada ésta se convierte indirectamente en el poeta oficial de la nueva república Checa socialista y en el referente poético de todo el mundo soviético y sus áreas de influencia.

Autor de diversos estilos literarios, principalmente poesía, novela y ensayo político, entre sus obras destacan "El puente", "Canto de la paz" y "Oleaje del adiós", éste último musicalizado por el compositor checo Vitezslava Kapralova.

ANDRÉ BRETÓN

Tinchebray 1896 - París 1966

Poeta, ensayista y escritor francés, principal fundador y teórico del movimiento surrealista.

Nace en una familia con pocos recursos económicos pero logra estudiar medicina gracias a becas concedidas por el estado francés gracias a su excelencia académica. Durante la Primera guerra mundial es destinado como médico de campaña a hospitales siquiátricos y es entonces cuando entra en contacto con la obra de Sigmund Freud, la cual le serviría de base teórica para desarrollar su interpretación y visión surrealista del arte.

En 1920 publica su primera obra, titulada "Campos magnéticos" y funda junto a Louis Aragon y Philipe la revista "Littérature". En 1924 escribe "Manifiesto surrealista", que sería el texto fundacional y la obra de referencia del surrealismo francés e internacional. En su obra poética abogaba por la existencia de una realidad superior y por la posibilidad de acceder a ella a través del contacto con el mundo de los sueños.

Activista desde muy joven, Se afilia al Partido Comunista Francés convirtiéndose en uno de sus mayores activistas. Posteriormente lo abandona como protesta ante la intromisión en la libertad artística por parte de la URSS. En un viaje a México conoce a Trotsky e influenciado por éste escribe el "Manifiesto por un arte revolucionario independiente" al que le seguiría "Segundo manifiesto

Entre sus obras destacan "El manifiesto surrealista", "Poemas", "El aire del agua", "la inmaculada", "los vasos comunicantes" y "Nadja", considerada esta última por los críticos literarios como la obra más influyente del movimiento surrealista.

PAUL ÉLUARD

Saint-Denis 1895 - idem 1952

Poeta francés de las escuelas dadaísta y surrealista, considerado uno de los grandes maestros de la lírica francesa.

Miembro de una familia de la pequeña burguesía padeció de niño una grave enfermedad que le llevo a pasar una temporada muy larga en un sanatorio de Suiza. Esta convalecencia marcaría su infancia y le llevaría al mundo de la poesía, a través de la cual intenta olvidar su enfermedad creando mundos y situaciones imaginarias.

Comenzó muy joven a escribir sus primeros poemas y a participar en premios de poesía y en 1917, con tan solo veintidós años, publica su primer libro, titulado "El deber y la inquietud", a través del cual es descubierto artísticamente por el escritor Jean Paulhan, quien le presenta a André Bretón y Louis Aragon. Con ellos participa en todas las manifestaciones del dadaísmo y al mismo tiempo juntos fundan el movimiento surrealista.

Su gran talento para la poesía, así como la calidad de su obra, lo convierten en el miembro más destacado del movimiento y es considerado por todos los estudiosos como el poeta del surrealismo por excelencia. De la mano de los escritores surrealistas se introduce ideológicamente en el comunismo y se afilia en 1926 al Partido Comunista Francés.

En 1936 se desplaza a España al iniciarse la guerra civil y toma conciencia política convirtiéndose en un activista sin descanso. Cuando la Alemania nazi invade Francia se incorpora activamente en la resistencia luchando por la liberación de su país.

Entre sus obras destacan "El Phenix", "La evidencia poética", "Curso natural" y la "Inmaculada Concepción", escrita en colaboración con André Bretón.

RENÉ CREVEL

Paris 1900 - Idem 1935

Poeta y ensayista francés perteneciente al movimiento surrealista.

Nacido en el seno de una familia burguesa de marcados valores conservadores, lo cual le ocasionó durante su adolescencia problemas emocionales al ser abiertamente bisexual. En 1918 se independiza de su familia e inicia sus estudios de filología inglesa y derecho en la universidad de la Sorbona, momento en el cual se incorpora al movimiento surrealista de la mano de André Bretón y se acerca ideológicamente a las posturas comunistas de los miembros fundacionales del movimiento.

Desavenencias con otros miembros le llevan a abandonar el movimiento en 1925 para posteriormente reincorporarse en 1929 ante el exilio de Trotsky, ya que el movimiento surrealista se acerca a sus posturas (frente al estalinista que aboga por un arte realista limitado a la revolución), considerándosele por este motivo mediador entre comunistas y surrealistas.

Amigo personal de Dalí durante los años de la etapa parisina del pintor, escribió en 1933 el ensayo titulado "Dalí o el antioscurantismo" en el que refleja sus interpretaciones de la obra surrealista Daliniana. Tan solo dos años después, el 18 de Junio de 1935, se suicida ante el empeoramiento irreversible de la tuberculosis que se le había diagnosticado nueve años antes.

Entre sus obras, además de la anteriormente citada, destacan "La muerte difícil", "El espíritu contra la razón", "Los pies en el plato" y sobre todo "Babilonia" y "¿Estáis locos?", consideradas sus dos mejores obras y en las cuales describe a través de la poesía el mundo de los sueños que tanto fascinaban a los escritores surrealistas.

LOUIS ARAGON

París 1897 - ídem 1982

Poeta y novelista francés, fundador junto a André Bretón y Philippe Soupault de la corriente surrealista.

Hijo ilegítimo de un alto funcionario del estado francés. Comienza los estudios de medicina en la universidad y antes de finalizar la carrera se presenta voluntario para ir al frente como sanitario de campaña, lugar en el cual conocerá a André Bretón y Philippe Soupault con los cuales funda en 1919 la revista "Litterature", órgano del dadaísmo parisiense.

En 1923 se unen al grupo otros escritores y junto a ellos publican la revista "La revolución surrealista", que pretendía ser una publicación al servicio de la revolución socialista. Es en esta época cuando comienza también a publicar sus primeras obras, entre las que se encuentran "El movimiento perpetuo", "El libertinaje" o "El campesino de Paris", libro de gran éxito literario en su momento y que describe los lugares y las cotidianidades más hermosas del Paris de la época.

Militante del Partido Comunista Francés, participa en el congreso de escritores revolucionarios de Járkov en la URSS en 1930, momento a partir del cual se implica en política activamente y se convierte en un icono intelectual del movimiento obrero. Durante la ocupación nazi organiza una red de resistencia en el sur de Francia y se convierte en "el poeta de la guerra". A la caída del nazismo es condecorado con la cruz de hierro y la medalla militar por su lucha contra los nazis.

Entre sus obras, además de las ya citadas, destacan "El movimiento perpetuo", "Habitaciones", "Los comunistas" y tiempo de morir.

BENJAMÍN PÉRET

Rezé 1899 - París 1959

Poeta francés de la corriente surrealista. Su poesía iba más allá de todos los parámetros conocidos de su época, motivo por el cual es considerado uno de los más importante e influyentes poetas contemporáneos hasta el extremo de apreciarse en poetas latinoamericanos como Octavio Paz, Enrique Molina o César Moro.

Niño prodigio, comienza muy joven a trabajar como corrector y redactor para diversas revistas y periódicos, entre ellos el prestigioso "Petit Parisien". Con grandes inquietudes políticas, como toda la escuela surrealista parisina, se afilia al Partido Comunista Francés y participa activamente en el grupo de intelectuales que editan la revista "Contra ataque".

Contrae matrimonio en 1927 con la cantante Brasileña Elsie Houston y se desplaza a vivir a Brasil, de donde es expulsado por su activismo político comunista tan solo cuatro años después.

Vuelve a Paris y continúa con su activismo político. En 1936 se desplaza a España al estallar la guerra civil y se incorpora como miliciano a las filas del POUM, al considerar que "es el partido que más fielmente representa a la masa proletaria española". En 1937 lucha en el frente de Aragón encuadrado en la División Durruti y publica obras como "Je ne Mange Pas Ce Pain-La" y "Je sublime".

Durante la ocupación nazi de Francia es detenido y acusado de agitador internacionalista y antimilitarista, cargos por los que es encarcelado en la prisión de Rennes durante un tiempo hasta que en 1941 consigue exiliarse en México en donde permanecería hasta 1947, año en el que volvería a Paris para formar junto al también poeta Andre Bretón el Movimiento Surrealista del que formaría parte hasta su muerte. En 1955 regresa a Brasil nuevamente y permanece durante dos años, regresando ya de manera definitiva a Francia en 1956.

Activista político incansable, pasó los últimos años de su vida comprometido con la misma intensidad de siempre en causas relacionadas con la justicia social, la igualdad legal y la libertad.

Murió en 1959 en Paris a la edad de 60 años. Entre sus obras destacan, además de las ya citadas, destacan, "Antología del amor sublime", "El deshonor de los poetas" y "El manifiesto de los exegetas".

GABRIEL CELAYA

Hernán 1911 - Madrid 1991.

Poeta vasco perteneciente a la generación literaria de postguerra y uno de los más destacados miembros del grupo de poetas comprometidos con la denominada "poesía social".

Hijo de una familia burguesa, estudia ingeniería en Madrid presionado por su padre al mismo tiempo que se encarga de gerencia de la empresa familiar. Es durante su etapa como estudiante cuando conoce a Federico García Lorca, entre otros intelectuales, que lo introduce en el mundo de la literatura con tal fuerza que abandona sus estudios y la gerencia para dedicarse íntegramente a la poesía, su gran pasión como escritor.

A pesar de realizar colaboraciones en revistas y certámenes literarios de poesía, su primer texto publicado fue un libro de prosa titulado "tentativas". Era el año 1946 y por primera vez firma una obra con el nombre de "Gabriel Celaya", nombre artístico con el que firmaría desde entonces su obra.

En los años 50 defiende públicamente que la poesía no debe ser un espacio proselitista sino estar al servicio de la mayoría social y por encima de todo comprometida con el bienestar de todos. Es durante esta década cuando escribe "Cantos Íberos", considerada la mejor obra de la "poesía social".

Activista política desde su juventud, durante la guerra civil española se alistó como voluntario llegando a ser capitán de gudaris en Bizkaia. A la muerte del dictador Franco se vuelca activamente en política y se presenta como candidato de su provincia en las listas del Partido Comunista de España. Falleció en 1991.

Entre sus obras destacan también "Campos semánticos" y "De claro en claro".

ALEKSANDR S. YÁKOVLEV

Moscú 1906 - Moscú 1989

Ingeniero soviético diseñador de aeronaves espaciales y misiles.

Aunque durante sus estudios de infancia y adolescencia sus asignaturas preferidas eran historia y geografía, en vez de matemáticas o físicas, como sería lo propio de un futuro ingeniero, su madre siempre tuvo claro que esa sería su profesión, pues ya desde muy pequeño estaba siempre "destripando" todo aquello que tuviera un mecanismo.

En 1924, con tan solo 18 años comienza a trabajar como mecánico en una fábrica de motores y al mismo tiempo que trabaja y continúa con sus estudios diseña su primer aparato de vuelo, el planeador FIA-10, al que le seguiría tan solo tres años después su primer avión a motor, el AIR-1. En 1927 ingresa en el instituto de aviación y se gradúa cuatro años después. En 1936 diseña el "entrenador" UT-1, su primer gran éxito internacional, que sería empleado hasta finales de los años 40 en muchos países como avión de aprendizaje.

En 1942 diseñó el primer avión con propulsión a cohete del mundo, el B1, algo más de un año antes, en contra de lo que se piensa comúnmente, de que los hermanos Hornet diseñaran para la Alemania nazi su modelo. También diseñó el primer avión a reacción que superó la barrera del sonido, el modelo "346", a principios de 1946, meses antes de que USA probara con éxito su primer modelo.

Persona de fuertes convicciones políticas, fue miembro del Partido Comunista de la Unión Soviética desde la temprana edad de 19 años y condecorado con el máximo galardón de dicho estado, el premio Lenin, en 1972.

OLEG ANTONOV

Troitsy 1906 - Kiev 1984.

Doctor en ingeniería aeronáutica y diseñador de aviones soviético, en concreto de la línea de aviones que llevan su nombre, los "Antonov".

Hijo de un ingeniero civil, ya desde pequeño mostró un inusual interés por la aviación, hasta el punto de que se pasaba prácticamente todo su tiempo libre en el aeropuerto de su localidad natal, comprendiendo y aprendiendo los mecanismos que permitían a las aeronaves volar.

Con tan solo 17 años diseño para un concurso del ejército soviético el planeador "OKA-1 Pigeon", diseño con el que ganó el concurso. Posteriormente, ese mismo año, fundó el "Club de aviación amateur" y la "Organización de Amigos de la fuerza aérea".

Ingresa en el instituto politécnico de Kalinin y durante su etapa como estudiante diseña docenas de planeadores. Se gradúa en 1930 y empieza a trabajar en las principales fábricas aeronáuticas soviéticas. Finalmente, en 1938, se convierte en el principal colaborador y diseñador de los aviones "Yakolev". Finalmente, en 1940, gracias a sus exitosos proyectos desarrollados en la planta de producción de "Yakolev", el estado soviético acaba creando una nueva compañía con su nombre en la ciudad de Leningrado.

En 1952 El estado soviético mueve a Antonov y su personal a las nuevas instalaciones aeronáuticas construidas en la ciudad de Kiev, preparadas para la construcción de los nuevos modelos de aviones AN-10 y AN12, cuyo desarrollo comenzaría en 1955.

En 1960, con 52 años, expone satisfactoriamente su tesis doctoral en la universidad de Moscú, consiguiendo doctorarse en ingeniería aeronáutica, logro que le llevaría a formar parte como miembro asociado de la academia de las ciencias de Ucrania.

Entre los innumerables logros de Antonov, hay que destacar el diseño del avión de transporte estratégico "Antonov AN-225", fabricado a principios de los años 80 y que todavía hoy en día sigue siendo el avión más grande del mundo.

Admirador de la revolución soviética de 1917 y de Lenin, se afilió muy joven al partido comunista de la URSS. Fue además galardonado por sus logros con el premio Lenin en 1962, máxima distinción otorgada por el Estado Soviético.

ALEXANDER BEREZNYAK

Moscú 1912 - Moscú 1974. Ingeniero y diseñador de aeronaves y misiles soviético.

Nace en el seno de una familia de trabajadores en Boyarkino, Oblast a las afueras de Moscú. Al finalizar sus estudios medios comienza trabajar en la industria aeronáutica y el gran talento que muestra le permiten la entrada directa en el instituto de la Aviación de Moscú, en donde se graduaría en 1938.

Ocupa el puesto de ingeniero en el departamento de diseños aeronáuticos de Viktor Fiodorovich Bolijovitinov en Moscú. A pesar de ser un puesto burocrático, en 1941 diseña en colaboración con Aleksei Mihailovich Isaev el que sería el primer cohete de la historia movido por combustible líquido, el modelo B-1. En 1946 diseña el modelo 346, avión experimental movido por combustible líquido que sería el primero de la URSS en superar la velocidad del sonido.

Ante sus éxitos, en 1957 se le asigna el puesto de director y jefe de diseñadores del complejo de diseño y desarrollo de cohetes de combustible líquido, el "NKB Raduga", en donde diseña, entre otros muchos modelos,

125

los grandes misiles intercontinentales soviéticos que formaron parte del sistema ofensivo de la URSS y de base de partida para el desarrollo de los grandes cohetes empleados en las misiones espaciales soviéticas.

Persona con inquietudes políticas, se afilió al Partido Comunista de la Unión Soviética con tan solo diecinueve años. Fiel a la revolución soviética, de la cual se orgullecía públicamente, fue galardonado con la "Orden de la Bandera Roja del Trabajo", el "Premio Estatal de la URSS" y también con el "Premio Lenin", máxima distinción de la Unión Soviética.

ALEKSEI MIHAILOVICH ISAEV

San Petersburgo 1908 - Moscú 1971

Ingeniero y diseñador soviético de cohetes.

Nacido en el seno de una familia humilde, ingresa por sus buenas notas al finalizar los estudios secundarios en el Instituto de minería. Se gradúa en 1932 y comienza a trabajar en la construcción de nuevos edificios y en desarrollo de obras públicas. Finalmente, en 1934, logra que le asignen a un puesto de diseño en la industria aeronáutica, su verdadera pasión.

En 1941 desarrolla, en colaboración con Alexander Bereznyak, el primer cohete de la historia movido por combustible líquido, el B-1.

En 1944 inició su propio proyecto de cohetes movidos por combustible líquido. Especializado en crear pequeños cohetes, diseñó los primeros misiles de la gama "Scud", verdadero pilar del sistema anti-aéreo y anti-misiles soviético. También se aplicaron sus diseños al programa espacial soviético, incluido el proyecto "KDU-414" usado en los Venera 1, Mars 1 y Venera 8, así como el KTDU-5 usado en los proyectos de alunizaje desde el "Luna 4" hasta el "Luna 13".

Fue miembro del PCUS desde muy temprana edad y galardonado por su trabajo con el "Premio de la URSS", el "Premio Lenin" y finalmente nombrado miembro permanente de la academia de las ciencias de la Unión Soviética.

KONSTANTIN SIMONOV

San Petersburgo 1915 - Moscú 1979

Poeta, guionista de teatro y escritor soviético. Escribió entre otros el poema "espera por mí" durante la guerra contra el fascismo en Europa, que se convirtió en el poema más conocido en lengua Rusa durante varias décadas.

Hijo de un oficial del ejército zarista y de una princesa de la aristocracia rusa. Al finalizar la revolución soviética su padre se exilia en Polonia en donde fallecería en 1921. Su madre, divorciada de su padre se casaría con un oficial del ejército rojo en 1920. A finalizar sus estudios primarios ingresa en la escuela de oficios para aprender el oficio de tornero y posteriormente, cuando su familia se establece en Moscú finalizar sus estudios de ingeniería de precisión. En 1935 comienza a escribir poesía y en 1936, por su gran calidad, empiezan a publicarse algunos de ellos en las revistas Joven Guardia y Octubre.

En 1938 comienza un curso de literatura en el instituto Maxim Gorki y al finalizarlo realiza estudios de filosofía y literatura en Moscú. En 1940, después de pasar un año como corresponsal en Mongolia, escribe su primera obra de teatro, titulada "una historia de amor", a la que seguiría, tan solo un año después la obra 2un muchacho de nuestra ciudad".

También fue articulista en la revista socialista "estrella roja". Estuvo presente en innumerables batallas durante la segunda guerra mundial como cronista así como en la toma de Berlín. Fue miembro de la "Unión de Escritores de la Unión Soviética" y galardonado con el título de Héroe Socialista del trabajo. Entre sus obras, además de las ya citadas, destacan "La vida y la muerte", "El inmortal Garrison" y "Dias y noches".

YEVGENI VUCHÉTICH

Ekaterinoslav 1908 - Moscú 1974

Escultor soviético cuyo padre había emigrado a Rusia procedente de Serbia.

Simpatizante del Partico Comunista de la Unión soviética durante su juventud, como profundización de su compromiso político se afilió al mismo en 1942 durante la segunda guerra mundial. Al año siguiente fue puesto al mando de una unidad durante la batalla de Stalingrado. Al finalizar la batalla fue condecorado por su valor y al finalizar la guerra había alcanzado el grado de coronel del Ejército Rojo.

En 1958 finaliza la construcción de su primera gran obra, la estatua de Félix Dzerzhinski en la plaza Lubyanka de Moscú, que en aquella época llevaba el nombre del protagonista de la estatua, por deseo personal de kruschev.

Al año siguiente, en 1959, después de ser nombrado Artista del Pueblo de la URSS, comienza la creación de la que sería la más reconocida de sus obras, la "Estatua de la Madre Patria" de 85 metros de altura, levantanda en Volvogrado para conmemorar la "Batalla de Stalingrado" y cuya obra finalizaría casi una década después, en 1967, siendo en ese momento la estatua más alta del mundo en ese momento.

Fue también el autor de numerosas esculturas relacionadas con la URSS y con la segunda guerra mundial, entre las que destacan la estatua "Al soldado libertador" inaugurada durante el memorial al ejército soviético en el parque Treptower de Berlín y la estatua "A la madre patria" de Kiev. Murió el 12 de Abril de 1974 en Moscú.

AGNIYA BARTO

Moscú 1906 - idem 1981

Poeta y escritora de cuentos infantiles soviética.

Nacida en el seno de una familia acomodada de origen judío. Sus padres se dieron cuenta ya de niña que tenía unas dotes excepcionales para el arte y la matricularon en la escuela de ballet de su ciudad, en la cual leyó sus primeros poemas durante la ceremonia de graduación. A pesar de su corta sus primeros poemas hablaban de amor y compromiso político en torno a la revolución soviética de Octubre de 1917.

Se casa con el poeta de origen italiano Pavel Barto del cual añadiría su apellido al nombre artístico por el que fue conocida, pues su verdadero nombre de soltera era Agniya Lvovna. En 1925 publica sus dos primeras obras, ambos libros de poesía infantil titulados "El chico chino llamado Wan-lin" y "Mishka el pequeño ladrón", obras a las que les seguiría otras tan importantes como "hermanos" o "chico de otra manera". Tan solo once años después, en 1936, ya era la más popular escritora de poesía y cuentos infantiles de la URSS con millones de copias de su obra publicadas.

Durante la segunda guerra mundial se reafirma en su compromiso ideológico y escribe poemas patrióticos al mismo trabajó como corresponsal para el periódico "Komsomolskay Pravda".

Recibió en 1950 y 1972 el Premio Lenin de las letras, así como el premio Hans Christian Andersen en 1976 en reconocimiento por su obra infantil.

Murió en 1981 a la edad de 75 años. Entre sus obras destacan, además de las citadas anteriormente, "Traducciones para el lenguaje de los niños", "Hermanos" y "Juguetes".

ISAAC ASIMOV

Petrovichi (URSS) 1920 - New York 1992

Escritor de ciencia ficción, divulgador científico y profesor de bioquímica. Considerado uno de los padres de la ciencia ficción moderna.

Nacido en la Unión Soviética sus padres se trasladaron a vivir a New York (USA) cuando tenía tres años, ciudad en la que su padre abriría una tienda de golosinas en donde vendía también revistas. Fue en esas revistas en donde descubrió la ciencia ficción y, fascinado por sus ideas, las que le llevarían a comenzar a escribir relatos cortos de ciencia ficción, publicando los primeros de ellos con tan solo 19 años.

En 1939 se graduó en ciencias químicas y posteriormente se graduó también en las carreras de Ciencias y Arte y Filosofía. Finalmente se doctoró en 1948 en Bioquímica por la Universidad de Boston, en donde trabajó entre 1949 y 1958 como ayudante de profesor de Bioquímica. Durante los años 40 empieza a publicar los relatos que posteriormente formarían parte de su obra "La trilogía de las fundaciones", que sería publicada durante los años 50 junto a otros títulos que le llevaron a la fama, destacando sobre todos ellos "Yo Robot", "Abismo de Acero" o "El sol desnudo".

A finales de los años 50 y durante los años 60 bajó su ritmo de publicación de relatos y novelas para centrarse más en la divulgación científica, bien a través de colaboraciones en revistas entre las que destacaban sus aportaciones en la revista F&SF o bien a través de la publicación de textos divulgativos, destacando su obra "Guía de la ciencia para el hombre moderno", cuyo éxito le permitió abandonar algunas tareas académicas y dedicarse casi en exclusiva a la escritura. Durante los años 70 y 80 aunque siguió publicando relatos y novelas continuó su labor divulgativa participando en programas de televisión y asesorando a compañías cinematográficas en el desarrollo de sus películas, destacando su colaboración en las serie Star trek.

Próximo a los sectores socialistas de izquierda del partido Demócrata de Estados Unidos de Norteamérica apoyó públicamente durante los años 70 al candidato demócrata George McGovern, considerado el candidato con ideas más socialistas de la historia de USA. Finalmente, durante los años 80, acabó desencantando por las políticas liberales del partido que acabaron deteriorando la calidad de vida de los ciudadanos de su amada ciudad de Nueva York, afiliándose finalmente al movimiento progresista "Asociación Humanista Americana" (AHA), organización que predica un activismo laico y critica el proceso de religiosidad que está invadiendo su país.

Isaac Asimov murió en 1992 a la edad de 72 años de VIH, enfermedad que contrajo por una transfusión durante una operación en 1983. Además de numerosos premios entre los que destacan varios "Premios Hugo", a su muerte había recibido catorce doctorados honoris causa.

Entre sus obras, además de las ya mencionadas, destacan "Los propios dioses", "Viaje alucinante" y "Némesis".

DAVID VILLAR POZA

HANNAH ARENDT

Hanover 1906 - Nueva York 1975

Filósofa de origen alemán, considerada una de las más influyentes del siglo XX. Se consideraba librepensadora y se negaba a ser etiquetada (aunque renegaba abiertamente del liberalismo burgués), reconocía que provenía de un medio socialista (sus padres lo eran) y creía que Marx tenía absolutamente razón: el socialismo es el fin lógico del capitalismo.

Nacida en la ciudad de Hanover sus padres se trasladaron a vivir Königsberg cuando tenía tres años de edad. En 1913 fallece su padre y es educada por su madre, de ideas socialistas, de la cual recibe una educación abierta y libre. Niña de altas capacidades, con tan solo 14 años ya había leído obras de filósofos como Kant, entre ellas "Crítica de la razón pura". En 1924 comienza sus estudios universitarios de filosofía y teología en la universidad de Heidelberg y en 1928 consigue el doctorado con la tesis "El Concepto del amor en San Agustín".

Con la llegada de los nazis al poder en 1933 comenzaron sus problemas políticos por sus ideas llegando a ser detenida durante ocho días. Ante la intensificación de la represión opta por emigrar a Francia y posteriormente, en 1941, durante la ocupación de Francia a Estados Unidos, país en el que residiría hasta su muerte.

Crítica con la democracia burguesa representativa propone en sus teorías políticas y filosóficas una organización social y productiva basada en un sistema de consejos administrados mediante democracia directa. Entre sus obras destacan "Los orígenes del totalitarismo", "La condición humana".

UPTON SINCLAIR

Baltimore 1878 - New Jersey 1968

Escritor, dramaturgo y periodista estadounidense ganador del premio Pulitzer. Editor del periódico socialista "Appeal to Reason".

Nacido en el seno de una antigua familia acomodada venida a menos, tuvo desde pequeño que costearse sus estudios comenzando a trabajar desde muy niño. Finalmente gracias al dinero que ingresaba con la venta de narraciones infantiles y novelas cortas pudo finalizar sus estudios en el "College of the city of New York". Fue durante sus estudios universitarios cuando se acercó ideológicamente al socialismo y publicó sus primeras novelas, siendo las más conocidas "El rey midas" y "Manassas".

La fama le llegó definitivamente en 1906, cuando escribió un reportaje sobre las malas prácticas de la industria alimentaria que más tarde convertiría en la novela "La jungla". Causó tal polémica su libro que el propio presidente Roosevelt recibió al autor en La Casa Blanca y puso en marcha leyes para asegurar la calidad de los alimentos para el consumo humano.

En 1915 fue elegido candidato de California por el partido socialista, candidaturas que repetiría en 1926 y 1930 como candidato socialista y en 1934 por el partido demócrata, no logrando finalmente ser gobernador del estado por un margen muy estrecho de votos.

La obra de Sinclair, absolutamente ecléctica, incluye más de cien obras entre las que destacan tanto novelas históricas como "El fin del mundo", "Entre dos mundos" o "Un mundo por conquistar" como escritos periodísticos como "Las ganancias de la religión" o "El paso de la oca".

WILLIAM MORRIS

Londres 1834 - Ídem 1896

Artesano, impresor, poeta, escritor, activista político, pintor y diseñador británico, fundador del movimiento "Arts and Crafts" y de la "Liga Socialista".

Nacido en una familia acomodada, su padre un era comerciante que se había hecho rico gracias al desarrollo de la industria mecánica durante el nacimiento de la era industrial, lo cual le permitió comprobar desde niño las condiciones infrahumanas que se daban en las industrias a las que abastecía el negocio familiar, hecho éste que forjaría su carácter y su ideología.

Realizó estudios universitarios de Arquitectura, arte y teología en la universidad de Oxford, en donde conoció a artistas de la talla de Dante Gabriel Rossetti o Ford Madox Brown. Fue también en la universidad donde conoció a Jane Burden, inicialmente modelo de alguna de sus obras y la mujer con la que finalmente se acabaría casando.

Vinculado artísticamente a la "Hermandad prerrafaelita" se opuso, como todos sus miembros, a la industrialización del mundo del arte y a su capitalización, argumentando que debía de ser un trabajo artesano para favorecer la inspiración de los artistas. En 1854 comienza a escribir poesías publicando en 1858 su primer poemario, titulado "La defensa de la Reina Ginebra y otros poemas". En 1885 funda "La liga socialista" pero la incompatibilidad de su carrera artística y política le llevan a abandonar su actividad aunque siempre seguiría mostrando su apoyo intelectual a dicha liga.

Entre sus obras destacan "Vida y muerte de Jason", "El paraíso terrestre" y "Las raíces de las montañas".

MARC CHAGALL

Vitebsk 1887 - Saint-Paul de Vence 1985

Pintor soviético y uno de los máximos exponentes de la pintura vanguardista.

Nacido en una pequeña aldea realizó estudios artísticos en la "escuela de la Sociedad de Patrocinadores del Arte" de San Petersburgo, ciudad en la que se dio a conocer como artista. Se fue muy joven a Paris a estudiar las tendencias artísticas de la época en donde se unió a un grupo de artistas vanguardistas que vivían en el Barrio de Montparnasse.

Regresa a Rusia tan solo tres años antes de la revolución de Octubre. Se involucra en la revolución y es nombrado comisario de arte de su región. Sus desavenencias personales en la forma de implantar el socialismo en la Unión Soviética le llevan a mudarse en 1923 a París. En 1941, durante la segunda guerra mundial, tiene que exiliarse a Estados Unidos escapando de la represión nazi en la Francia ocupada por su condición de judío y socialista.

Entre sus obras destacan "La casa gris", "Desnudo sentado sobre rojo", La aldea y yo" y "Mujer con sombrero". Cabe mencionar que en 1964 pintó el techo de la ópera de París por encargo de Charles de Gaulle y en 1977 se le condecoró con la "Orden de la Legión de Honor de Francia".

YURI GAGARIN

Klúshino 1934 - Kirzhach 1968

Cosmonauta soviético, fue el primer hombre en ir al espacio.

Hijo de un carpintero y una obrera que vivían en una granja colectiva soviética, Gagarin curso estudios en la Escuela Técnica de Saratov y en 1957 ingresa en la "Academia de las fuerzas Aereas" alcanzando el grado de teniente. Por su experiencia como piloto desde joven y su gran preparación profesional fue elegido para el cuerpo de cosmonautas de la URSS.

En 1961 fue lanzado en la capsula espacial Vostok I convirtiéndose en el primer ser humano en alcanzar el espacio exterior.

Según cuenta su hija Elena Gagarina, la vocación de su padre por el pilotaje de aeronaves le surgió durante la segunda guerra mundial, cuando entre un amigo y él mantuvieron oculto a un piloto derribado por los nazis.

Sus convicciones ideológicas socialistas eran tan profundas que cuando un corresponsal norteamericano le preguntó que, si debido a su celebridad, tenía pensado dedicarse a descansar el resto de su vida respondió; "aquí en la Unión Soviética, todos trabajan, y las personas célebres, Héroes de la Unión Soviética y del Trabajo Socialista, lo hacen con tanta mayor dedicación. Son miles en el país, y procuran trabajar lo mejor posible, sirviendo de ejemplo a imitar por los demás".

MICHEL FOUCAULT

Poitiers 1926 -Paris 1984

Historiador y filósofo Francés. Persona muy respetada en su época, la profundidad de su obra influyó en grandes pensadores de las ciencias sociales y las humanidades. Sus principales trabajos fueron en el campo de las instituciones sociales, sobre todo la medicina, las ciencias humanas, la siquiatría y la sexualidad humana.

Foucault nació en 1926 en Poitiers y estudió, coincidiendo con la ocupación nazi, en el colegio jesuita de Saint-Stalinslaus. Al finalizar la segunda guerra mundial ingresa en la "École Normale Supérieure" momento en el cual padece una fuerte depresión que le lleva incluso a tener tendencias suicidas. Durante su tratamiento psiquiátrico se interesa por esta disciplina y se gradua en psicología.

En 1960, después de pasar como docente por varias universidades europeas, finaliza su doctorado y accede a un puesto de docente en la Universidad Clermont-Ferrant, en donde conoce al que sería su pareja hasta su muerte, el filósofo Daniel Defert.

Foucault era un hombre de ideas socialistas y fueron estas mismas ideas las que le llevaron afiliarse al

Partido Comunista Francés, aunque pronto acabaría desilusionado con la política en general y con la forma de organizarse del partido en particular, finalmente, sin renunciar nunca a sus ideas, acabó abandonando las filas del PCF y mostrándose públicamente crítico con la corriente marxista del socialismo.

Durante las revueltas de Paris de Mayo del 68 participó activamente uniéndose a los estudiantes en las ocupaciones de edificios y como transmisor de sus demandas delante del gobierno francés.

HOWARD FAST

Nueva York 1914 - Connecticut 2003
Escritor y guionista Norteamericano.

Hijo de una familia judía humilde trabajó desde muy joven para poder ayudar a la economía familiar, principalmente vendiendo periódicos y trabajando como lector en la biblioteca pública de Nueva York.

Con tan solo dieciocho años de edad publica su primera novela titulada "Dos valles" y posteriormente "Ciudadano Tom Paine", obra que por la cual se haría famoso. Durante la segunda guerra mundial trabaja en la "Oficina de información de guerra de los Estados Unidos" y casi al finalizar ésta, en 1944, se afilia al Partido Comunista. A principio de los años 50 se le llama a declarar ante el comité de Actividades Anti-americanas y es encarcelado durante tres meses acusado de desacato al Congreso, pues se niega en redondo a dar los nombres de las personas que había contribuido económicamente con "El comité de ayuda a refugiados antifascistas" durante la guerra civil española. Este paso por la cárcel supuso para él tener que publicar durante varios años sus obras con seudónimos para escapar a la censura.

Trabajó en el periódico del partido comunista de USA "el Daily Worker". En 1956 devolvió el carnet del partido en protesta por la invasión de Hungría por parte de la URSS. Escribió entre muchos otros el guion de la película "Espartacus", dirigida por Stanley Kubrick, considerada una de las mejores superproducciones de la historia del Cine, obra que comenzó a escribir durante su estancia en la cárcel. También destacan entre sus obras títulos como "Siendo rojo", "Siete días en Junio", "Una mujer independiente" y "redención".

ANNA SEGHERS

Maguncia 1900 - Berlín 1983

Escritora alemana. Miembro del partido comunista alemán desde muy joven, su activismo le llevó a huir de la Alemania nazi después de haber sido detenida por la Gestapo.

Anna Seghers nació en el seno de una familia acomodada judía relacionada con el mundo del arte (su padre era anticuario y tratante de arte). En 1924, una vez realizados sus estudios de Historia en la universidad de Heidelberg, se doctoró presentando una tesis sobre los judíos y el judaísmo en la obra de Rembrandt.

En 1926, el mismo año del nacimiento de su primer hijo, publicó su primera obra titulada "La revuelta de los pescadores de Santa Bárbara", libro por el que recibiría el premio Kleist y que la proyectaría a la fama. En 1928 y dentro de la lucha que mantenía contra el nazismo se afilia al Partido Comunista Alemán. En 1933, tras alcanzar el poder Hitler, sus libros son prohibidos y quemados públicamente al mismo tiempo que era detenida y encarcelada. Afortunadamente logra escapara hacía Paris a través de Suiza.

En 1941 los nazis invaden Francia y se ve obligada nuevamente a exiliarse, esta vez en Ciudad de México, a donde llegaría después de pasar por Nueva York. Es en esta ciudad donde funda el club antifascista Heinrich Heine y escribe sus dos novelas más conocidas: "La séptima cruz" y "transito".

En 1947, dos años después de finalizada la Segunda Guerra Mundial, regresa a Berlín y desde 1952 hasta 1978 fue la presidenta de la "Federación de escritores de la RDA". Sería en esta ciudad en donde residiría hasta su muerte en 1983.

KLAUS MANN

Munich 1906 - USA 1949

Escritor alemán hijo del escritor Thomas Mann y hermano de la también escritora Erica Mann. Su carrera literaria comenzó con tan solo dieciocho años al publicar su primera novela, ambientada en círculos homosexuales y que se convirtió en un escándalo para su época.

Considerado un niño prodigio ya desde pequeño comenzó a escribir textos de los más variados estilos literarios, principalmente narrativa, poesía y teatro. En 1925, con diecinueve años publica su primera obra de teatro (Anja y Esther) a la que le seguiría su primera novela titulada "la danza piadosa". Al año siguiente inicia una vuelta al mundo con su hermana, la también escritora Erika Mann. A su regreso escribe la novela histórica "Alejandro".

Con la llegada de Hitler al poder inicia un activismo político de ataque constante contra el nazismo que le lleva al exilio escapando de la represión. Se desplaza a España durante su guerra civil como corresponsal y forma parte del Frente Antifascista. Al finalizar la segunda guerra mundial regresa a Alemania y denuncia la complicidad de la mayoría del pueblo alemán en los crímenes de guerra. Debido al continuismo de las autoridades alemanas, casi todas herederas del régimen nazi, sus obras tienen dificultades para ser publicadas por lo que, finalmente, desalentado se instala en USA, en donde, por su condición de homosexual y comunista es perseguido nuevamente por el FBI. Caen entonces en una depresión y finalmente se suicida. Entre sus obras destacan "Mefisto", "Hijo de este tiempo" y "Encuentro en el infinito".

ERIKA MANN

Munich 1905 - Zúrich 1969

Escritora y actriz alemana, hija del escritor Thomas Mann y hermana del también escritor Klaus Mann.

Nacida en una familia de intelectuales y de clase alta, tuvo una infancia privilegiada en todos los aspectos, pues no solo su familia era rica, además muchos de los más renombrados intelectuales de la época acostumbraban a pasar por su casa familiar a hablar con sus padres, principalmente con padre Thomas. Una vez finalizados la secundaria se desplaza a Berlín en donde realiza estudios de teatro, debutando como actriz en 1925 en la obra de su hermano "Anja y Esther".

En 1927 publica su primer libro titulado "Alrededor, la aventura de un viaje alrededor del mundo", en el cual se muestra en detalle el viaje alrededor del mundo que realizó junto a su hermano a lo largo de ese año.

En 1928 comenzó una carrera como periodista a la par que de activista política. Lesbiana confesa, fue actriz en la película "Muchachas de uniforme", la cual, por su temática lésbica, provocó un gran escándalo en la Alemania de su época. En 1932 publica su primer libro de literatura infantil y en 1933 funda un cabaret en Munich llamado el "Molinillo de pimienta" en donde se representaban obras de carácter político, principalmente de temática antifascista.

Al año siguiente de la llegada del régimen nazi se exilió en Suiza en donde abre brevemente un cabaret con el mismo nombre que el de Munich que se convierte rápidamente en punto de encuentro de exiliados alemanes. En 1936 se desplaza a vivir a Estados Unidos y nuevamente abre un cabaret con el mismo nombre que los dos anteriores que se convierte nuevamente en punto de encuentro de intelectuales alemanes exiliados.

En 1936 publica uno de sus libros de referencia, titulado "Escape a la vida", en el cual habla de los exiliados alemanes, y en 1938, antes de partir como corresponsal de guerra a España durante su guerra civil, publica "Escuela para bárbaros, educación bajo en nazismo". Su faceta de corresponsal de guerra se extendería hasta la finalización de la segunda guerra mundial, momento en el cual trabaja para una publicación inglesa durante los juicios de Nuremberg, siendo una de las pocas mujeres que cubrieron dicho juicio.

En 1949, durante el macartismo, al igual que su hermano es investigada por homosexual y comunista. Su hermano no es capaz de soportar la presión de la investigación y como consecuencia de una profunda depresión se suicida, hecho que destrozaría durante mucho tiempo a Erika emocionalmente. Finalmente, en 1952 regresa a Suiza y se instala con sus padres, en donde viviría hasta su muerte en 1969.

Entre sus obras destacan, además de las anteriormente citadas, "La otra Alemania", "El último año de Thomas Mann" y "Las luces deben apagarse".

EDWARD P. THOMPSON

Oxford 1924 - Worcester 1993

Historiador e intelectual británico. Analista histórico desde la perspectiva marxista, fue uno de los fundadores del denominado socialismo humanista.

Nació en una familia de clase media e ideología conservadora, valores que sus padres, que eran misioneros metodistas, le intentaron sin éxito inculcar durante su infancia. Su juventud quedó marcada por su participación durante la segunda guerra mundial en una compañía de tanques en Italia. A pesar de estar éticamente comprometido con el bando aliado y apoyar la guerra para acabar con el fascismo, su participación en la guerra significó para él una toma de conciencia con posiciones pacifistas y humanistas que le acompañarían durante el resto de su vida.

Afiliado desde muy joven al Partido Comunista funda en 1946, al finalizar sus estudios en el College de Cambridge, el "Grupo de Historiadores del Partido Comunista" también conocidos como "el grupo de Cambridge". Milita en el Partido Comunista Británico hasta el año 1956, en ese momento, y como protesta por la invasión soviética de Hungría, abandona el partido fundando junto a otros intelectuales la corriente ideológica conocida por "Nueva Izquierda", corriente de la que acabaría alejándose al final de su vida. Después de toda una vida de estudio y análisis, murió en 1993.

Su obra se centra principalmente en un análisis histórico del movimiento obrero en Inglaterra desde la revolución industrial, destacando sobre su gran producción las obras "La formación de la clase obrera en Inglaterra", "la economía moral", "protesta y sobrevive" y "Nuestras libertades y nuestras vidas".

TINA MODOTTI

Udine 1896 - México D.F. 1942.

Fotógrafa y periodista Italiana.

Nacida en el seno de una familia muy humilde con muy pocos recursos económicos, se vio obligada a abandonar los estudios a los doce años para comenzar a trabajar ayudando así a la frágil economía familiar.

Con tan solo diecisiete años su familia emigró a San Francisco en Estados Unidos, momento que aprovechó para intentar introducirse en el mundo de la interpretación logrando papeles secundarios en algunos estudios de Hollywood.

En 1921 conoce al fotógrafo Edgard Weston con el cual acabaría teniendo una relación sentimental, además de ser la persona que la introdujo en el mundo de la fotografía. Se desplazan a vivir a México, en donde conoce, entre otras personalidades del mundo cultural mexicano a Diego Rivera, David Alfaro Sequeiros y Frida Kahlo. Se afilia al Partido Comunista Mexicano en 1927 y en 1930, es acusada falsamente de conspirar para asesinar al presidente Pascual Ortín Rubio y expulsada del país. Después de pasar por la Unión Soviética acaba en España en 1934 para, al comenzar la guerra civil, se alista en el

Quinto regimiento y trabaja para las Brigadas Internacionales.

Al finalizar la guerra civil española regresó a México en donde continuaría con su carrera como fotógrafa y con su gran actividad social y política hasta el día de su muerte, sucedida en 1941 en el interior de un taxi a consecuencia de un paro cardiaco.

LEONID DUSHKIN

Tver 1910 - Moscú 1990.

Matemático e ingeniero mecánico soviético, fue uno de los grandes pioneros en el desarrollo de tecnología para cohetes.

Al finalizar sus estudios secundarios se traslada a estudiar en la Universidad de Moscú graduándose en 1931 en la especialidad de matemáticas y mecánica. Durante sus estudios universitarios da salida a sus inquietudes políticas simpatizando con los grupos de pioneros comunistas.

En 1932, con tan solo 22 años al grupo de desarrollo de cohetes de Moscú y construye su primer cohete, el OR-2, en colaboración con Fridrikh Tsander´s. A la muerte de éste se convierte en el jefe del proyecto y desarrolla el cohete GIRD-X, el primero de la URSS movido por combustible líquido.

En 1938 se le asigna el desarrollo del sistema de propulsión RP-318 con el objetivo de instalarlo en aviones. Al comenzar la segunda guerra mundial se reafirma su compromiso ideológico y se afilia al partido comunista de Unión Soviética, al mismo tiempo que desarrolla los primero aviones movidos por propulsión, los cuales empleaban inicialmente los cohetes de propulsión RD-1 de keroseno y ácido nítrico y despés los motores RDA-300 que usaba ácido nítrico como oxidante y RDK-150 que empleaba oxígeno líquido.

Leonid Dushkin desarrollo también la colocación de los sistemas de propulsión tal y como se utilizan aún hoy en día. También diseñó los primeros cohetes de gran autonomía a partir de los cuales se desarrollaron la mayoría de cohetes que llevarían a la URSS al espacio durante los años 50 y 60. Murió en 1990 a la edad de 80 años.

DZIGA VÉRTOV

Bialystok 1896 - Moscú 1954

Seudónimo de Denís Abrámovich Káufman fue un director de cine soviético de vanguardia y experimental, destacando entre sus obras "El hombre de la cámara", rodada en 1929 y que revolucionó el género de cine documental hasta el extremo de estar considerado como uno de los filmes documentales más importantes de la historia.

Nacido en el seno de una familia judía que se trasladó a Moscú en 1915 escapando del avance del ejército alemán durante la I guerra mundial. Al finalizar la revolución soviética es contratado por el comité de cine de Moscú para trabajar en el semanario cinematográfico de noticias Kinó-Nedelia, en donde conoce a grandes personalidades del cine ruso como Lev Kuleshov o a Eisenstein.

En 1920 funda junto a varios jóvenes cineastas soviéticos el grupo "konoki" y en 1922 crea la serie de noticieros cinematográficos Kinó-Pravda. Es durante el desarrollo de esta seria cuando rueda documentales tan importantes para la historia del cine documental como "La batalla de Tsartitsyn", "El tren Lenin" e "historia de la guerra civil".

Es en 1929 cuando le llega el reconocimiento internacional con el documental "el hombre de la cámara", que refleja un día en la vida de una ciudad soviética, desde el amanecer hasta la noche. En los años 40 graba una serie sobre la II guerra mundial y finalmente fallece en Moscú en1954. Los creadores del movimiento francés Nouvelle Vague dijeron de él que era su inspiración y el documentalistas Frederic Rossif que "Antes de Vértov los documentalistas filmaban imágenes, después aprendieron a filmar ideas".

THERESE GIEHSE

Múnich 1898 - Ídem 1975

Actriz alemana nacida en el seno de una familia judía de clase acomodada que se opuso desde el principio a su carrera artística. Afortunadamente el carácter de Therese se impuso al de sus padres y acabó siendo una de las actrices y directoras más queridas y respetadas de Alemania.

Mujer de un gran compromiso social y político, ligada a movimientos de izquierda, desde joven se siente atraída por el mundo del teatro y después de varios años actuando y dirigiendo pequeñas obras artísticas logra en 1926 la dirección de la compañía "Munich Kammerspiele" al frente de la cual se inicia su carrera hacia la fama.

Un mes antes del ascenso de Hitler al poder fundó el cabaret literario "Die Pfeffermühle". Con un enfoque claramente político sus obras agitan las conciencias de aquellos que lo contemplan contra las ideas nazis. Poco tiempo después se ve obligada a emigrar a Suiza para escapar de las primeras persecuciones que tienen lugar en la Alemania Nazi contra intelectuales y artistas críticos.

Se casa en 1936 con el intelectual y escritor británico John Hampson, el cual era homosexual igual que ella y que le permite acceder a la nacionalidad británica y exiliarse en Gran Bretaña.

Finalizada la II Guerra Mundial regresa a Alemania y colabora con Bertol Brecht en la compañía de teatro "Berliner Ensemble". Durante los años 50 y 60 desarrolla su obra más extensa tanto en interpretación como en dirección. Las principales obras en las que dirigió o interpretó fueron "Madre Coraje", "Madre coraje y su hijo", "La visita de la vieja dama" y "los físicos". Muere en 1975 y en 1988 el gobierno de Alemania sacó un sello postal en su memoria.

ERNESTO SÁBATO

Rojas 1911 - Santos Lugares 2011

Físico, pintor, ensayista y escritor. A pesar de que solo tres novelas y además espaciadas en el tiempo componen su producción literaria, Ernesto Sábato está considerado como uno de los autores más destacados de la literatura latinoamericana contemporánea.

Nacido en una familia conservadora de clase media cursó sus estudios de secundaria en el Colegio Nacional de La Plata en donde conoció al profesor Pedro Henríquez Ureña, el cual sería la fuente de inspiración para su carrera literaria. Al finalizar sus estudios secundarios ingresa en la universidad de ciencias físicas y comienza a militar en el movimiento Reforma universitaria, de tendencia comunista. En 1933 es elegido Secretario General de la Federación Juvenil Comunista.

En 1936 se traslada a Paris y escribe su primera novela titulada "la fuente muda". En 1940 regresa a Argentina después de una breve estancia en USA en el MIT. Es durante los años 40 cuando despega su carrera literaria al publicar su primer libro de ensayo "Uno y el universo", al que le siguió la novela "El túnel".

En los años 50 publica un nuevo ensayo titulado "heterodoxia" y en 1961 la novela "Sobre héroes y tumbas", que está considerada como una de las mejores novelas argentinas del siglo XX. Finalmente publica en 1974 su tercera y última novela titulada "Abaddón el exterminador".

A su muerte en 2011, con un siglo de vejez, Sábato dejó una vida prestigiada llena de galardones y ensayos filosóficos.

LOUIS ALTHUSSER

Bir 1918 - París 1990

Filósofo francés de la corriente estructuralista considerado uno de los grandes pensadores marxistas franceses.

Nacido en Argelia estudió filosofía en Francia y al finalizar sus estudios se incorporó en la educación pública como profesor. Identificado con el cristianismo fue uno de los grandes referentes académicos del Partido Comunista Francés.

Durante la Segunda guerra mundial se une a la resistencia francesa pero es capturado y pasa cinco años en un campo de concentración. Esta etapa mina su salud mental y en 1947 padece su primera crisis depresiva durante la cual diagnosticado de sicosis maníaco depresiva, cuadro médico que ya no le abandonaría durante el resto de su vida.

En 1948 consigue la plaza de profesor de filosofía en la universidad de Paris al mismo tiempo que comienza a publicar su obra, centrada en los estudios sobre los orígenes y el presente de las ideologías, siendo dentro de este campo su obra más conocida "Ideología y aparatos ideológicos de Estado".

Se especializa también en el estudio del marximo y defiende que hay dos etapas claras en sus teorías, siendo el punto de inflexión entre ambas etapas el momento en el que Marx se centra en sus trabajos económicos. En sus ensayos sobre Marx también establece también una separación entre las obras de su juventud y las de su madurez e intenta sobre todo demostrar que la obra de Marx supera el humanismo para alcanzar una auténtica dimensión científica.

Su radicalismo ideológico influyó en los jóvenes de los años 60 siendo uno de los referentes de "Mayo del 68". Otras obras famosas fueron "Lenin y la filosofía", "respuesta a John Lewis" y "Elementos de autocrítica".

MAURICE HERBERT DOBB

Londres 1900 - Idem 1976

Historiador y economista británico especializado en economía durante la época feudal y miembro destacado del grupo "Historiadores Marxistas británicos".

Durante sus estudios de bachiller se apasiona con por la historia y dentro de ella por el desarrollo de la economía en las distintas etapas de la humanidad. En 1919 inicia los estudios de económicas en la universidad de Cambridge y en 1922, tras un breve paso por el partido laborista, ingresa en las juventudes del Partido Comunista Británico.

Ese mismo año finaliza sus estudios y consigue una plaza en la "London School of Economics" en donde durante dos años investiga la historia y la teoría de las empresas capitalistas. Fruto de este trabajo de investigación será la publicación en 1925 de su primer libro "empresa capitalista y progreso social".

En 1924 consigue un puesto de profesor en la universidad en donde permaneció laboralmente hasta 1959, momento en el que es nombrado catedrático y aprovecha para dedicarse a la escritura y el estudio de las ciencias económicas.

Durante su vida visitó frecuentemente la URSS para interesarse por el desarrollo de la economía soviética durante y después de la revolución. Fruto de estos viajes fue la publicación de sus libros "El desarrollo económico de Rusia desde la revolución y "Desarrollo de la economía soviética dese 1917". Otros libros importantes de su obra fueron "Economía política y capitalismo", "Escritos sobre el capitalismo, desarrollo y planificación" y "teorías del valor y de la distribución desde Adam Smith".

Murió en 1976 en la ciudad que le vio nacer y su obra se considera referencia para entender el tránsito desde el feudalismo hacia el capitalismo.

RODNEY HOWARD HILTON

Manchester 1916 - Manchester 2002

Historiador británico especializado en la Baja edad media y miembro destacado del grupo "Historiadores Marxistas Británicos".

Nacido en el seno de una familia de tradición socialista se educó en la escuela de gramática de Manchester y en la universidad de Oxford, en donde conoció a algunos de los principales historiadores de la época como V.H Galbraith, Richard sur y Christopher Hill. Al finalizar sus estudios universitarios compagina su militancia activa en el Partido Comunista Británico con la escritura de su tesis, centrada en el análisis de la economía rural en la baja edad media.

Durante la segunda guerra mundial combatió en primera línea en el Norte de África y en Sur de Italia. Fue este periodo un momento trágico en su vida que dejó en él una profunda huella por las atrocidades que vio durante la guerra. No obstante también aprovechó, con permiso del alto mando, esta etapa para interesarse por la economía rural en el Norte de África.

Al finalizar la segunda guerra mundial consigue cátedra en la universidad de Birmingham en donde permaneció hasta su jubilación en 1982. Durante este periodo compagino su docencia con sus estudios de investigación que le llevaron a escribir sus principales obras, que son "La revuelta de 1381", "El campensino inglés en la baja edad Media", "Transición del Feudalismo al Capitalismo" y "Bond men fade fade"

Fue también director y redactor de la revista "Pasado y presente", que intentaba ser un nexo de unión entre historiadores marxistas y no marxistas. A su muerte, en 2002, se dijo de él que sus obras y estudios habían ayudado a cambiar el pensamiento histórico durante la segunda mitad del siglo XX.

JOHN E. CHRISTOPHER HILL

York 1912 - Londres 2003

Historiador británico especializado en historia del siglo XVII y perteneciente al grupo de historiadores británicos de tendencia Marxista.

En 1931 comienza sus estudios universitarios en Oxford en donde obtuvo el grado honor de primera clase. Durante esta etapa ingresa en el Partido Comunista Británico y al finalizar sus estudios en 1935 se traslada un año a vivir a la URSS.

En 1940 durante la segunda guerra mundial ingresa en la inteligencia militar en donde permanece hasta el final de la contienda. En 1946 empieza a distanciarse del partido comunista acusándolo de su falta de democracia interna sin renunciar por ello a sus ideas marxistas. Finalmente abandona el partido en 1956, época que coincide con su especialización como historiador en la Inglaterra del siglo XVII. Es precisamente a partir de ese año cuando la carrera de Hill despunta incluso internacionalmente y su estudios adquieren una amplia divulgación.

En 1967 accede al cargo de rector de Balliol que conservaría hasta su jubilación en 1978. Casado y padre de tres hijos, murió a la edad de 93 años en 2003.

Entre sus obras hay que destacar "la revolución inglesa (1940)", "Lenin y la revolución rusa (1947)", "Problemas económicos de la iglesia (1956)", "Orígenes intelectuales de la revolución (1965)", "puritanismo y Revolución (1958)", "El siglo de la revolución (1961)", "El anticristo en el siglo XVII inglés" y "El mundo trastornado".

BLANCA LUZ BRUM

Pan de Azucar 1905 - Santiago de Chile 1985

Escritora y poeta Uruguaya formó parte de algunos de los principales movimientos revolucionarios latinoamericanos del siglo XX. Como el grupo editor de la revista Amauta o el grupo de Comunistas muralistas de México.

Nace en el seno de una familia acomodada y con tan solo 16 años se casa con el poeta Juan Parra del Riego. Tan solo cuatro años después y recién nacido su hijo Eduardo muere Juan Parra de tuberculosis. Se traslada entonces a vivir a Lina en donde conoce a José Carlos Mariátegui de la mano del cual entra en el grupo Amauta y pública en la revista "guerrilla" poseía de contenido social y políticamente rupturista.

En 1929 conoce en Montevideo al muralista mexicano Daniel Alfaro Siqueiros y pocos meses después del encuentro se casan y se trasladan a vivir a México en donde participa en actividades políticas y culturales junto a Frida Khalo, Diego Rivera o Sergéi Eisenstein que en ese momento estaba filmando "que viva México!!".

En los años 40 empieza a desilusionarse con el comunismo y comienza una travesía ideológica de la mano del sindicalismo peronista que la llevaría hacia posiciones conservadoras que ya no abandonaría hasta el final de su vida.

Entre sus obras destacan "Penitenciaría-niño perdido (1931", "Atmósfera arriba, veinte poemas (1933)", "Blanca Luz contra la corriente (1935)", "Cantos de América del sur (1939)" y "El último Robinson (1953)".

DAVID ALFARO SIQUEIROS

Ciudad de México 1896 - Cuernavaca 1974

Pintor muralista mexicano considerado uno de los tres máximos exponentes del muralismo de éste país junto con Diego Rivera y José Clemente Orozco.

Criado en el seno de una familia de clase acomodada estudió durante su infancia en los maristas de México DF y en 1914, a la edad de dieciocho años ingresó en la Escuela de Bellas Artes. Ese mismo año estalla la revolución Mexicana y se afilia al ejército constitucionalista en donde alcanzaría el rango de coronel.

A pesar de que la carrera artística de Siqueiros se interrumpió a menudo por su activismo político, fue el creador de una gran obra pictórica y muralista. En 1922 comienza a trabajar para el gobierno mexicano revolucionario y en 1923 pinta una de sus obras más reconocidas, el inmenso mural titulador "entierro de un trabajador". A ésta obra le siguieron en el tiempo muchas otras hasta culminar su carrera, a principios de los años 70 del siglo xx con las otras tituladas "Marcha de la humanidad", que ocupa una extensión de 4.600m2 y "Del porfirismo a la revolución" que ocupa 4.500.

Persona con una gran conciencia política y un gran activismo, fue miembro del Partido Comunista Mexicano fundador del "sindicato de Pintores, Escultores y Grabadores" así fundador del periódico político "El Machete". Éste activismo político lo llevó siete veces a la cárcel y también al exilio, residiendo en Paris, Estados Unidos y España, en donde participó como miliciano en el bando republicano con el grado de coronel en las Brigadas Internacionales.

HENRY DAVID THOREAU

Concord 1817 - Idem 1862

Ensayista, poeta y filósofo, está considerado como uno de los grandes teóricos de la desobediencia civil.

Nacido en el seno de una familia humilde, su gran inteligencia le permitió llegar a la universidad apoyada por gente de su comunidad y graduarse en Harvard. Finalizados sus estudios regresa a Concord y entra en contacto con escritores trascendentalitas, entre ellos Ralph Waldo Emerson.

En 1845 decide irse a vivir en contacto directo con la naturaleza, construyendo para ello una cabaña él mismo en mitad del bosque próximo al pantano de Walden, con el objetivo de simplificar su vida y poder dedicarla en exclusiva a la lectura y la escritura. De este período surgieron títulos como "una semana en los ríos Concord y Merrimack", escrito en 1849 y posteriormente, en 1954 "Walden".

En 1846 se niega a pagar los impuestos estatales como protesta contra la esclavitud. Es encarcelado por su negativa y durante su estancia en la cárcel escribe "Desobediencia civil", publicado en 1849 y que está considerado como el libro precursor de las teorías de resistencia pasiva que inspiraron a figuras históricas como Lev Tolstoi o Mahatma Gandhi, además de a otros grandes activistas de los movimientos americanos en defensa de los derechos civiles como Martin Luther King.

Fallecido en 1862 de tuberculosis, se puede contemplar una estatua suya en el panteón de los héroes norteamericanos de la Universidad de Nueva York, al lado de las de figuras tan relevantes como George Washington, Benjamin Franklin o Abraham Lincoln.

LOUISE MICHEL

Vroncourt-la-Côte 1830 - Marsella 1905

Educadora, poeta y ensayista anarquista francesa, está considerada una de las grandes revolucionarias de "La Comuna de Paris" de 1871.

Hija de un aristócrata y de una sirvienta, se crio en el castillo de su padre hasta la edad de 15 años, cuando, pocos años después de la muerte de su padre, fue obligada a abandonarlo expulsada por sus hermanastros. Durante su infancia y adolescencia recibió una educación basada en principios liberales, volteriana y republicana, llegando a conocer personalmente a Víctor Hugo al inicio de su juventud, con el que mantuvo una gran amistad durante el resto de su vida. Además también recibió una educación musical y cultural que marcaría profundamente su vida, hasta el extremo de querer ser poeta y música en su juventud llegando a publicar pequeños textos con poesía y componer varias piezas musicales.

En 1856 se traslada a vivir a Paris en donde se forma para dedicarse a la enseñanza, profesión que ejercería durante 15 años, período en el que también se forma en teoría revolucionaria y colabora en periódicos socialistas como "el grito del pueblo", al mismo tiempo que inicia su labor como docente.

En 1871, con Paris sitiada por las tropas prusianas, participa en primera fila en la revolución de "La comuna de Paris". Una vez finalizada la revuelta es deportada a Nueva Caledonia, lugar del que no volvería hasta 1880 cuando el gobierno francés estableció una amplia amnistía para los presos políticos de La Comuna. Durante su estancia en Nueva Caledonia se involucró en las reivindicaciones sociales de los nativos canacos llegando incluso a apoyar activamente la revuelta que llevaron a cabo en 1878.

De vuelta a Francia retoma su actividad política y por sus discursos y actos revolucionarios es encarcelada varias veces, al mismo tiempo que sufre varios atentados que afortunadamente nunca hicieron peligrar su vida. Pasa los últimos años de su vida entre Paris y Londres, en donde participa en 1896 en el congreso internacional en donde se produce la ruptura entre anarquistas y marxistas. Muere en 1905 después de toda una vida de lucha revolucionaria.

Docenas de miles de parisinos acompañaron en silencio la comitiva fúnebre por las calles de Paris. Conocida como la "buena Louise", todavía hoy en día muchas instituciones culturales y educativas llevan por nombre este seudónimo.

FERNANDO T. DEL MÁRMOL

La Habana 1861 - Londres 1915

Escritor, pensador y educador anarquista español nacido en La Habana cuando todavía era una provincia española. Hijo de una acaudalada familia y sobrino del general Donato Mármol se traslada con su familia de niño a vivir a España, estableciéndose en Sitges en donde su padre instala la primera fábrica de zapatos de toda la península ibérica.

Inicia sus estudios en el colegio "Isabel la católica" de Barcelona, a donde iban los hijos de las clases acomodadas barcelonesas y posteriormente en el Liceo Francés antes de entrar en la universidad de Barcelona, en donde entra en contacto con ambientes republicanos y anarquistas para gran disgusto de su familia. Finaliza sus estudios en Paris en donde gracias a su prestigio como escritor y pensador libertario, es representante español en la Conferencia internacional Anarquista de Paris.

Colabora en diversas revistas y en el desarrollo de la "Escuela moderna" de Francisco Ferrer Guardia. Además en el ámbito periodístico fue columnista de los más prestigiosos periódicos de su época como "El heraldo de Madrid", "Le temps de Paris" o el Daily Mail de Londres.

Su obra más importante es sin lugar a dudas "teoría del anarquismo sin adjetivos", definida inicialmente en un artículo publicado en la revista anarquista "La Révolte" en 1889.

Perseguido por sus ideas en España se exilió inicialmente en Francia y Bélgica, para posteriormente trasladarse a vivir a Londres hasta su muerte en 1915. Durante este periodo conoció y se relacionó con los más importantes anarquistas como Piotr Kropotkin o Errico Malatesta.

GEORGES BRANDES

Copenhague 1842 - Ídem 1927

Escritor, crítico literario y filósofo danés. Está considerado como uno de los escritores más influyentes de las literaturas escandinavas de finales del siglo XIX y principios del XX.

Nacido en el de una familia judía de origen sefardí perteneciente a la alta burguesía. Ingresó inicialmente por presión familiar en la universidad de derecho de Copenhague aunque pronto la abandonó en favor de los estudios de filosofía en donde conoció al poeta Johan Ludvig y al filósofo Soren Kierkegaard que influirían mucho en su carrera. Una vez abandonada la universidad viaja por Europa tratando con figuras eminentes de la época como John Stuart Mill o Henry Husley.

En 1868 publica su primer estudio sobre crítica literaria titulado "Un estudio estético" y en 1871 comienza a dar clase en la universidad de Copenhague. Es durante esta etapa de su vida cuando conoce al autor teatral Henrik Ibsen y al dramaturgo sueco August Strindberg, de la mano de los cuales evoluciona hasta convertirse en uno de los autores más importantes del movimiento naturalista dentro de la literatura escandinava.

A pesar de sus ideas de izquierdas y liberales y de su ateísmo confeso, fue rechazado para el puesto de profesor de estética debido a su ascendencia judía, motivo por el cual se traslada a vivir a Berlín durante los siguientes cinco años. En 1882 un grupo de admiradores de su obra le garantizaron los ingresos necesarios para poder subsistir procurándole clases particulares, pudiendo de este modo regresar a Dinamarca.

Finalmente, en 1902, con la llegada al poder del partido liberal danés, el gobierno le concedió una pensión así como el puesto de profesor d estética literaria.

ALEXANDER BERKMAN

Vilna 1870 - Niza 1936

Educador, Escritor y ensayista de origen ruso. Era miembro de una familia judía de clase alta. De carácter rebelde desde su infancia, es expulsado del instituto con quince años por insubordinación e incitación a la rebeldía de sus compañeros. En 1888, con tan solo 18 años se queda huérfano y emigra a Estados Unidos, en donde conoce a la activista anarquista Emma Goldman, de quien sería compañero y amante.

USA era en ese tiempo un hervidero socialista y un lugar terrible para la clase trabajadora. Solo dos años antes acababan de ocurrir los sucesos que dieron lugar al asesinato de los "mártires de Chicago". En este ambiente de opresión y represión violenta de los trabajadores, y después de que el gran magnate del acero, Herny Clay Frick, ordenara disparar contra sus trabajadores a un grupo de matones hiriendo gravemente a sesenta trabajadores y matando a once, se radicaliza y llevado por la ira intenta matarlo de dos disparos. Aún sin conseguirlo es condenado a veintidós años de cárcel (cuando en la legislación de los USA por intento fallido la pena era de siete años) mientras el empresario no es tan siquiera llevado a juicio por la docena de muertos y las varias docenas de heridos. Aprovecha su estancia en la cárcel para formarse e instruirse política y culturalmente así como para ser educador aprendiendo los nuevos modelos educativos de pedagogos socialistas, tanto anarquistas como comunistas. También en esta época comienza a escribir ensayo político.

Al salir de prisión catorce años después escribe "memorias de un anarquista en prisión" y forma parte de la creación de la "Ferrer Modern School" de Nueva York, en donde ejerció como profesor propagando los métodos de Ferrer i Guardia.

En 1914 estalla la primera guerra mundial y se suma, junto a Emma Goldam, a los movimientos pacifistas y contrarios a la intervención de USA. El fuerte compromiso político y su activismo los lleva a ambos a ser deportados y acaban en Rusia justo durante la revolución soviética. Aunque inicialmente se muestran partidarios y apoyan a los bolcheviques, al final acaban criticando sus métodos y sobre todo la deriva totalitaria que en su opinión está tomando la revolución. Después de la rebelión de Kronstadt por parte de algunos revolucionarios socialistas críticos con los bolcheviques, se muda a Suecia y Alemania en un primer momento para finalmente acabar residiendo en Francia hasta su muerte en 1936.

Entre sus obras destacan, además de las ya citadas anteriormente, "El mito Bolchevique", "La rebelión de Kronstadt" y "ABC del Comunismo Libertario".

LEV KOPELEV

Kiev 1912 - Colonia 1997

Historiador, filólogo y escritor ruso. Considerado uno de los grandes escritores disidentes de la URSS, a pesar de ser un comunista convencido e incluso comandante del ejército rojo soviético.

Nacido en el seno de una familia judía perteneciente a la pequeña burguesía rural estudió en la universidad las carreas de Filosofía e historia y la de Filología alemana. Aunque fue siempre un comunista convencido, su proximidad al trotskismo le trajo algunos problemas durante su juventud.

En 1941, al estallar la Segunda Guerra Mundial se alista como voluntario en el ejército rojo y gracias a sus conocimientos de alemán acabó realizando servicios de inteligencia en tareas para reconocimiento del enemigo. Durante los últimos meses de la guerra, denunció públicamente los excesos del ejército rojo en los territorios alemanes conquistados, lo cual le valió una gran animadversión entre sus camaradas y algunos oficiales (no todos, pues una parte importante también denunciaba dichos excesos). Debido a esas denuncias fue condenado a pasar diez años en un campo de trabajo por "propagación del humanismo burgués". A la muerte de Stalin en 1954 sale en libertad y aunque siguió siendo comunista comienza a apoyar cada vez de una manera más pública a disidentes como Andréi Sajarov o aAlexander Solschenizy. También apoya la primavera de Praga y su casa acaba convirtiéndose en un punto de reunión de disidentes.

Durante un viaje a Alemania se le retira la nacionalidad Rusa y acaba residiendo hasta su muerte en Alemania. Entre sus obras y ensayos destaca por encima de todo "Consérvese a perpetuidad", en donde narra su encierro en el gulag y su desencanto con la revolución soviética.

KURT WEILL

Dessau 1900 - New York 1950

Músico compositor de origen alemán. Nacido en el seno de una familia judía de clase acomodada, mostró un talento excepcional desde niño para la música hecho por el cual su padre, que era cantor en la sinagoga de su ciudad, orientó su formación en ese sentido, estudiando en el conservatorio de Berlín solfeo y composición.

Con tan solo veintidós años compone su primera obra (Noche mágica), estrenada en Berlín el 18 de Noviembre de 1922. Tan solo cuatro años después, en 1926, estrena en Dresde su primera ópera (El protagonista) a la que seguiría la obra "El Zar se deja fotografiar", que supuso una ruptura con la ópera clásica al incorporar danza y proyecciones cinematográficas en su puesta en escena.

Comienza a finales de los años veinte su colaboración con el dramaturgo Bertol Brecht y su acercamiento ideológico a posturas socialistas que ejercerían una gran influencia en su obra, que avanza hacia la crítica social, comenzando por "La ópera de los cuatro cuartos!" compuesta en 1928" y dos años más tarde "Grandeza y decadencia de la ciudad de Mahagonny".

Con la llegada de los nazis al poder en 1933 empiezan sus problemas para representar sus obras así como amenazas personales. Se exilia entonces en Paris con su esposa lote Lenya, cantante profesional. Reanuda en esa ciudad sus colaboraciones con Brecht, que también se había exiliado en ella escapando de los nazis.

En 1935 se viaja a Estados Unidos en donde viviría hasta su muerte en 1950 de un ataque al corazón. Durante su estancia en USA compuso la música de obras tan importantes como "September song", "lady in the dark", "love life" o "Lost in the starts".

ERICH WEINERT

Magdeburg 1890 - Berlin 1953

Escritor, poeta y traductor. Nacido en el seno de una familia de Fuertes convicciones socialistas realizó estudios de formación profesional y posteriormente en la Escuela Superior de Artes Aplicadas.

Durante la Primera Guerra mundial alcanza el grado de oficial y es entonces cuando entra en contacto con la ideología comunista revolucionaria.

Al finalizar la guerra se convierte en militante revolucionario activo y en 1919, funda junto a otros jóvenes artistas la sociedad "Die Kugel" (es en la revista de esta sociedad en la que publica su primer poema en 1922). Posteriormente es cofundador de la "Unión de Escritores Proletarios Revolucionarios de Alemania" y finalmente, en 1929, se afilia al Partido Comunista de Alemania.

Después del golpe de estado fascista que siguió a la victoria del partido Nazi en 1933, se vio obligado a exiliarse con toda su familia, viviendo primero en Suiza, después en Francia y finalmente en la Unión Soviética. Entre 1937 y 1939 participa en la guerra civil española encuadrado en la 11ª Brigada internacional y durante la segunda guerra mundial es reclutado por el ejército rojo como propagandista en la vanguardia del frente.

Al finalizar la Segunda Guerra Mundial regresa a Alemania y se asienta en la zona ocupada por los soviéticos. En reconocimiento a su trabajo recibe el premio nacional de las artes en 1949 y es elegido miembro de la academia alemana de las artes.

Además de compositor del himno de las brigadas internacionales en España, entre sus obras destacan "Kamaradas", "Adoquines", "El día llegará" y los dos volúmenes de "Kobzar".

LINUS PAULING

Portland 1901 - Big Sur 1994

Bioquímico estadounidense y unos de las pocas personas que han recibido el premio nobel en más de una ocasión, ya que además del premio nobel de química recibió el de la paz por su activismo político en favor del desarme y la búsqueda de la paz en el planeta.

Apasionado por la química desde niño, pues un amigo de la familia tenía un pequeño laboratorio en su casa en el que Linus pasaba horas, se licenció en 1922 en ingeniería química por la universidad pública de Oregón y en 1925 se doctoró en el Instituto de tecnología de Pasadena, California.

Entre 1925 y 1930 escribe más de 50 artículos en las principales revistas científicas de USA y en 1931, unos meses antes de cumplir 30 años, recibe el prestigioso premio Langmuir, otorgado por la Sociedad Americana de Química, por el mejor trabajo realizado por un joven menor de 30 años.

En 1939 publica "La naturaleza del enlace químico, la estructura de las molécualas y cristales", considerado uno de los textos científicos que más influencia han ejercido a lo largo del siglo XX. Durante la década de los

40 su trabajo con prestigiosos biólogos y químicos como Max Delbrück o Robert B.Corey le permitieron desarrollar conceptos como la complementaridad molecutar en las reacciones antígueno-anticuerpo o la estructura helicoidal en determinadas proteínas. En 1954 se le concedió el premio nobel de química por su labor científica y en 1962 el nobel de la paz por su activismo político.

De hecho su pensamiento ideológico, era socialista científico, le trajo serios problemas durante el macartismo en Estados Unidos, pues por su ideología socialista fue considerado para la CIA como un "ingenuo portavoz del comunismo soviético". En 1952 se le retiró el pasaporte y en 1955 se le obligó a comparecer en el Subcomité de Seguridad Interior del Senado de los Estados Unidos, que lo describió literalmente como "la personalidad científica número de todas las actividades importantes de la ofensiva pacifista-comunista que hay en este país".

Sus actividades políticas en favor de la paz fueron incesantes hasta el final de su vida, sobre todo para protestar contra conflictos armados como la guerra de Corea o la de Vietnam. También fue crítico con las políticas de Estados Unidos en Latinoamérica, especialmente en Chile y Nicaragua.

En 1973 fundó junto a dos colegas de profesión el Instituto de Medicina ortomolecular con el cual colaboró hasta su muerte, ocurrida el 19 de Agosto de 1994 a la edad de 93 años.

JORIS IVENS

Nimega, Países Bajos 1898 - París 1989

Director y realizador de cine holandés. Premio nobel de la paz en 1954.

Su padre era comerciante de aparatos fotográficos, hecho que le permitió disponer desde niño del material necesario para introducirse en el mundo de la cinematografía, así, con tan solo trece años grabó su primer cortometraje al que tituló "la flecha ardiente".

Aunque académicamente estudió economía y química en la universidad de Charlottenbourg, siempre logró simultanear dichos estudios con cursos de aprendizaje cinematográfico y fotográfico.

A principios de los años 20 entra en contacto con la vanguardia cinematográfica holandesa y a través de ésta accede al cine soviético de la mano de directores como Eisenstein o Vértov. Es en esa época cuando dirige el filme experimental "El puente", al que le seguiría "La lluvia".

A finales de los años 20 su nombre ya figura en círculos de la vanguardia cinematográfica. Es entonces invitado por el cineasta soviético Pudovkin a pasar una temporada en la URSS mostrando su obra. Durante su estancia se empaña de la revolución soviética y de las ideas comunistas que le acompañarían durante el resto de su vida. Este compromiso ideológico lleva a realizar filmes en los que se reflejan en toda su intensidad la influencia de la revolución soviética, como pueden ser "construimos" o "sinfonía industrial". También graba documentales de carácter reivindicativo, siendo "Borinage" el más célebre de todos ellos. Un documental en el que se muestran las duras condiciones de vida de los trabajadores de las minas de la localidad que da nombre al filme y las huelgas que realizan para intentar mejorar dichas condiciones, duramente reprimidas por el gobierno belga.

En 1936 funda junto a intelectuales como Ernest Hemingway, Lllian Hellmn o John Dos Passos la "Sociedad de historiadores contemporáneos" desde la cual dirigen la película documental "Tierra de España", considerado uno de los más dramáticos relatos sobre la guerra civil española.

Al finalizar la Segunda Guerra Mundial pasa unos años viajando por países de la Europa del Este y la URSS en los que rueda filmes como "Los primeros años", "La paz vencerá" o "El canto de los ríos".

Durante los años 60 y 70 compagina su labor cinematográfica con una militancia activa a favor de la paz, condenando guerras como la de Vietnam, el golpe de estado en Chile o la contrarevolución en Nicaragua financiada por los EEUU.

Mantuvo Su compromiso social por la justicia, la libertad y la libertad hasta el fin de sus días. Afincado en Francia desde la década de los 70 moriría en Paris en 1989, afortunadamente dos años antes de la caída de su amada URSS. Cientos de homenajes y premios póstumos ha recibido desde entonces una persona considerada uno de los mejores documentalistas de la historia del cine.

LEV KULESHOV

Tambov 1899 - Moscú 1970

Realizador, director y teórico del cine soviético, es considerado también uno de los padres del cine.

Hijo de una muestra de escuela y de un artista, comenzó a interesarse por las artes desde muy pequeño, lo que le llevó a realizar estudios de arte en la Escuela de Pintura, Escultura y Arquitectura de Moscú. En 1916 comienza a trabajar como dibujante de moda y es contratado para trabajar como escenógrafo, momento en el que conoce a Yevgueni Bauer, famoso realizador de la época zarista que lo introduce en el mundo del cine.

Tan solo un año después, en 1917, dirige su primera película, "El proyecto del ingeniero Prait", filme en el que se muestran algunos de los principios cinematográficos que desarrollaría en los años posteriores en artículos y ensayos.

Con la victoria de los soviéticos y la llegada de Lenin al poder, en 1919, a Kuleshov, socialista pro soviético, se le encarga la tarea de adaptar los viejos filmes a los nuevos tiempos políticos y posteriormente la dirección de la sección cine-diarios.

En 1920 crea un departamento dentro del instituto Cinematográfico al que denomina "el laboratorio", en donde, al frente de un grupo de estudiantes comienza a experimentar nuevas formas de realización. Cuatro años después graban su primer largometraje, titulado "Las extraordinarias aventuras de Mr West en el país de los bolcheviques"

Desde finales de los años 20 empieza a alejarse poco a poco de la realización, aunque publicará dos ensayos que fueron referente para su época titulados "el arte del filme" (1929) y "los fundamentos de la realización fílmica". A partir de esa época dedicó su tiempo a la enseñanza hasta su muerte en 1970.

VSÉVOLOD PUDOVKIN

Penza 1893 - Riga 1953

Director, guionista y actor cinematográfico soviético. Reconocido, junto a Serguéi Eisenstein, como uno de los más influyentes de su época tanto en la URSS como en el exterior.

Aunque al finalizar sus estudios medios comenzó matemáticas en la universidad de Moscú, estudios que abandonó al comenzar la Primera Guerra mundial, en la cual participó y fue herido. A su regreso a Moscú se matriculó en los cursos de dirección de la Escuela de Cinematografía y posteriormente se especializó en técnicas de montaje de la mano del director L.Kulechov. Finalmente, en 1925, realiza su primer rodaje como director, en colaboración con N. Spikrski, de un cortometraje cómico titulado "la fiebre del ajedrez". El corte es un éxito y un años más tarde realiza su primera obra en solitario como director, un documental científico en el que se exponen las teorías de Pavlov.

En 1926 llega su consagración como director de fama con el largometraje "La madre". En 1927 dirige "El fin de San Petersburgo" y en 1928 "Tempestad sobre Asia", tres películas que conformaban una trilogía gracias a la cual fue considerado en esa época un director a la altura de los grandes del cine soviético, como Eisenstein o Dziga Vertov.

En 1932 graba "Un caso sencillo" y en 1933 "El desertor", considerada una de sus mejores películas. Además de cine también escribió ensayo de carácter técnico centrado en la cinematografía, entre los cuales destacan "El director y el material cinematográfico", "La escenografía" y "El actor en la película".

Murió en Riga, a la edad de 60 años.

HENRI STORCK

Ostende 1907 - Bruselas 1999

Cineasta, realizador y documentalista belga, considerado como uno de los padres del cine documental.

Nació en el seno de una familia de clase media, su padre era propietario de un comercio de zapatos y una tía con la que pasaba temporadas tenía una galería de arte moderno, gracias a la cual conoció en su infancia y juventud a grandes artistas como Ensor, Permeke, Spilliart etc. En realidad el arte estuve siempre presente en su vida y algunos de sus grandes documentales.

El otro pilar de su obra es el documental social y reivindicativo, siempre desde una perspectiva ideológica socialista pero sin llegar al nivel de propagandista como era lo habitual en la época en la que alcanzó su máximo esplendor como documentalista.

En 1933 dirige junto a Joris Ivens el documental que lo consagraría como cineasta de gran reputación. Se trata de "Miseria en Borinage", una región minera belga, que por su sencillez e innovación se convirtió en un referente del cine documental de vanguardia. Un documental tan sobrio como realista en el cual se muestra la miseria de los mineros y sus familias.

Convertido en referente del cine documental después de la II Guerra Mundial, funda en 1966 junto con Gian Vittorio Baldi y John Grierson la "Asociación Internacional de Cineastas Documentales", posteriormente la CBA y finalmente es elegido presidente honorario de la asociación "Hot Doc".

Se puede decir de Storck que utilizó técnicas de comunicación que jamás antes se habían utilizado y que fidelizó con el cine documental a toda una generación, principalmente de público belga.

VIOLETA PARRA

Ostende San Carlos 1917 - Santiago de Chile 1967

Pintora, escultora y cantautora, está considerada como una de las artistas folclóricas más importantes de América Latina. Sus investigaciones y su trabajo musical inspiraron la obra de muchos otros artistas folclóricos americanos.

Hija de un profesor de música ya de niña mostró un talento prodigioso para la música que fue eficazmente desarrollado por su padre. La débil economía familiar la llevó a trabajar desde muy niña en el campo para aportar ingresos lo cual motivo que tuviera que abandonar la escuela, no obstante a la muerte de su padre un hermano mayor la lleva con él a Santiago de Chile y le permite continuar sus estudios. Comienza muy joven a cantar en pequeños locales y en 1935 se casa con el músico Luis Cereceda, militante del Partido Comunista Chileno, de la mano de quien se iniciaría en la militancia política y el activismo social, compromiso que se vería siempre reflejado en su extensa obra

A comienzo de los años 50 inicia su labor de investigación de las raíces musicales americanas y conoce a poetas y artistas de la talla de Pablo Neruda o Pablo de Rokha. Durante esta década produce sus mejores obras entre las que destacan los discos "Canto y guitarra" publicado en 1957 y "La tonada", "La cueca" y "Acompañada de guitarra", publicados todos ellos durante el año 1958.

A pesar de su gran y extensa obra, la falta de reconocimiento a su gran labor y trabajo por parte de la mayoría de la sociedad chilena, así como su divorcio de Gilbert Fabre, la sumen en una gran depresión que la llevaría a acabar con su vida en 1967.

ARTHUR GOLDREICH

Johannesburg 1929 - Tel Aviv 2011

Diseñador industrial, arquitecto y pintor abstracto. Definido por Nelson Mandela como "una personalidad similar a un flamboyant" (planta sudafricana que al florecer se convierte en una bola de fuego), era el prototipo perfecto de guerrillero bohemio que alternaba el arte con las armas y la cultura con la revolución.

Desde muy pequeño ya dejó claro de qué materia estaba hecho su carácter y a la edad de tan solo 11 años, durante la segunda guerra mundial, ante la puesta en marcha de un programa para aprender alemán en las escuelas sudafricanas, no solo se negó, sino que además exigió por carta al primer ministro el derecho a ser educado en hebreo dado que la comunidad judía en Sudáfrica estaba integrada por cientos de miles de personas, consiguiendo finalmente su objetivo.

Miembro fundador del Partido Comunista de Sudáfrica, colabora también en la fundación del Congreso Nacional Africano de la mano de otros líderes históricos como Nelson Mandela o Walter Sisulo, siendo además el creador y organizador de su brazo armado, Umkhonto we Siz-we (la lanza de la nación), fundado después de una "gira" por varios países comunistas, entre ellos La URSS, China y la República Democrática Alemana, en donde se instruye en la construcción de nuevas armas, formación que se suma a su experiencia como soldado de élite durante la guerra de la independencia de Israel.

Es detenido en 1966 en su granja de Rivonia junto a la cúpula del C.N.A., entre ellos Walter Sisulo. Nelson Mandela, que llegaría a ser el preso político más conocido del planeta en la segunda mitad del siglo XX., ya había sido detenido un año antes también en su misma granja.

Es juzgado y condenado a 6 años de prisión pero logra escapar junto a otros tres presos disfrazado de sacerdote y salir hacia el exilio, acabando finalmente instalado en Israel, en donde se establecería y viviría ya hasta su muerte en 2011, anunciada públicamente por la asociación Nelson Mandela y llorada públicamente por un anciano Mandela con el que le unió una muy grande y profunda amistad.

En el plano artístico recibe en 1955, con tan solo 26 años, el premio al mejor pintor joven de Sudáfrica. También ganó varios premios por sus diseños industriales, destacando el de una silla ergonómica que por sus características y diseño supuso una revolución en el mundo industrial. También fundó en Jerusalén la escuela de artes Bezalel.

LEV NIKOLÁYEVICH TOLSTÓI

Yásnaya 1828 - Astápovo 1910

Escritor e ideólogo anarquista ruso. Considerado como uno de los más grandes escritores de todos los tiempos. Sus ideas sobre la "no violencia activa", cuyos principios plasmó en libros como "El reino de Dios está entre nosotros", influyeron en grandes personalidades pacifistas como Gandhi y Martin Luther King. Con el primero intercambió correspondencia durante varios años mientras residía en Sudáfrica. Una vez desplazado a la India empezó a luchar por su independencia aplicando las teorías de Tolstói de "resistencia pasiva".

Hijo de una acaudalada familia perteneciente a la nobleza rusa (ambos padres eran condes), vivió una infancia acomodada siendo educado en su casa por profesores franceses y alemanes hasta los 16 años, edad en la que ingresa en la universidad de Kazán para realizar estudios de derecho y literatura, aunque apenas dos años después los abandona y se desplaza a vivir a Moscú y después a San Petersburgo.

Escritor desde su juventud, periodo en el que escribe su primera novela titulada "las cuatro épocas del desarrollo", consigue en 1863 publicar la novela "cosacos" gracias a la cual le llegaría su reconocimiento público como escritor de éxito. A esta obra le seguirían "Guerra y paz" y "Anna Karénina" que le consagraron como un escritor de éxito.

En 1877, en plena crisis existencial debido al conflicto interno que sufría desde joven entre sus ideales y la riqueza de su vida material, dejó los lujos y se fue a vivir al campo a comer de lo que plantaba y ganarse la vida como zapatero, mientras su familia vivía en una casa al lado de sus tierras a la que se desplazaba a diario para continuar viéndolos.

Cuando estaba en su lecho de muerte intentó dejar toda su fortuna a los pobres, pero su familia y amigos no se lo permitieron. Una de sus frases más célebres la pronunció mientras agonizaba, cuando les dijo a todos aquellos que se interesaban por su frágil salud; "Hay sobre la tierra millones de hombres que sufren, ¿por qué estáis al cuidado de mí solo?".

Entre sus libros más famosos, además de los ya citados anteriormente, destacan "El reino de Dios está entre nosotros", "La sonata de Kreuter", El poder y las tinieblas" y "La muerte de Iván Ilich".

INDICE GENERAL

DAVID VILLAR POZA

ÍNDICE POR CATEGORÍAS

En este índice he añadido la categoría "Filósofos e intelectuales", que no se encuentra reflejada en el título de este texto, porque en algunos casos, como por ejemplo Charles Foucault o Bertrand Russell, me resultaba difícil catalogarlos como estrictamente científicos, pues aunque la raíz científica de su conocimiento tuvo gran influencia en su pensamiento, éste al mismo tiempo se extendió más allá de sus respectivos campos de trabajo científico.

Ciencia

Arte y cultura

Filósofos e intelectuales